LA FRANCE VUE DU CIEL

LA FRANCE VUE DU CIEL

Photographies de Daniel Philippe

Texte de Colette Gouvion

CHÊNE

Les dieux et les oiseaux furent longtemps les seuls à partager le fabuleux privilège de contempler de haut notre planète. Puis les hommes, à leur tour, par des prodiges d'opiniâtre folie, conquirent les chemins du ciel. Alors ils virent la terre avec le regard des dieux. Enfin, d'une vision fragmentaire, ils passaient à une perception globale sans buter contre aucun obstacle. Enfin, ils pouvaient relier entre elles les lignes de force du paysage pour en comprendre la nature et le sens. Enfin, aux indications abstraites de la cartographie succédait une géographie évidente. Ce fut comme si un sixième sens leur était donné et ils en furent éblouis. Il n'est pas un pionnier de l'aérostat ou de l'aviation qui n'ait eu des mots de poète ou de philosophe pour décrire l'émerveillement de cette redécouverte du monde. Aujourd'hui encore, où le voyage aérien s'est banalisé, il faut être bien insensible, blasé sans doute, pour ne pas ressentir la magie de ces minutes pendant lesquelles, entre décollage et altitude de croisière, on voit le paysage basculer, puis se schématiser, avant de devenir le plus beau des tableaux abstraits. Mais l'enchantement est bref: l'avion de ligne vole trop haut et n'offre pas à chacun de ses passagers un hublot. Heureusement, la photographie aérienne, pratiquement contemporaine de l'aviation, est là pour le fixer et nous le restituer intact. Elle est à la fois plaisir des yeux et outil de connaissance dont l'intérêt s'est très vite imposé aux géographes, aux ingénieurs du génie, aux militaires, aux archéologues, aux urbanistes et même actuellement aux sociologues. Par elle une région, un site, une ville, un monument révèlent ce qu'ils ont d'essentiel et parfois de mieux dissimulé. Grâce à elle, une nouvelle dimension nous est donnée où, plus rien n'étant inaccessible, l'inconnu livre ses secrets, tandis que le familier apparaît sous un jour si différent qu'il en devient méconnaissable. Ainsi en est-il de cette *France vue du ciel* que nous vous proposons en images de haut vol et d'extrême précision. Voici les terres et les mers, les montagnes, les côtes, les fleuves, les campagnes, les villes, les monuments. L'altitude les rétablit dans leur ensemble, leur contexte, leur globalité, nous montre ce qui nous en avait échappé quand nous les contemplions à hauteur d'homme, et c'est, véritablement, comme si nous les découvrions pour la première fois, avec des yeux neufs.

D'abord, dans ce long voyage planant, la beauté s'impose. Une beauté épurée, nettoyée des scories et des verrues dont l'homme a souvent lui-même pollué son paysage. Plus de constructions discutables, de façades indignes, d'innombrables résidus de notre société de consommation. Rien ne subsiste de ce qui pouvait offusquer le regard. L'altitude est une gomme qui efface le laid, l'inutile, l'accessoire, en même temps qu'elle poudre le banal de couleurs qui l'ennoblissent et sublime ce qui vaut de l'être. «Quelle pureté de lignes, quelle extraordinaire netteté d'aspect. Tout apparaît avec l'exquise expression d'une merveilleuse, ravissante propreté», s'exclamait, lyrique, le grand Nadar, devant les premières photos aériennes. On ne pouvait mieux dire. Où voir, ailleurs, la réalité ainsi idéalisée? Seule la peinture, figurative ou abstraite, avait pu, jusqu'alors, nous offrir ce jeu infini des couleurs et des lignes, cette vision subtile et magnifiée. Et de fait, la comparaison surgit d'emblée comme une évidence. Vue du ciel, la France est un étonnant musée où s'enchaînent côte à côte des primitifs, des classiques, des romantiques, des impressionnistes, des modernes, des Corot, des Cézanne, des Courbet, des Van Gogh, des Monet, des Poliakoff, des De Stael insurpassables, comme si chaque site avait bénéficié de la palette et de l'inspiration de créateurs tous exceptionnels et différents. Quelques peintres aujourd'hui pratiquent le *Land art*: le sol, avec sa texture, ses reliefs, ses constructions, devient le support de gigantesques et éphémères compositions grahiques. Il leur faudrait bien du génie pour s'égaler au *Land art* naturel, tel que la photographie aérienne nous l'expose.

Aux côtés de la beauté, une autre impression s'impose: la diversité. Bien sûr, à l'école, dès les premières leçons de géographie, nous avions appris que la France offre un assez bon échantillonnage de tous les types de climats et de reliefs qui se peuvent rencontrer d'un bout à l'autre de l'Europe, à l'exception des terres froides des confins de l'Asie. Mais c'est une chose que de le lire dans les livres de classe, une autre que de le réaliser lentement — par exemple au cours d'un voyage en train ou en automobile — une autre encore que d'avoir, par la juxtaposition des images, cette évidence sous les yeux. Ainsi donc, ces plis chaotiques, ces glaciers lunaires, ces lacs-miroirs, c'est la France. Mais aussi ces longues plaines où le vent va paisiblement. Ces côtes déchiquetées, ces garrigues rocailleuses, c'est la France. Mais aussi ces baies bien abritées, ces plages paresseusement assoupies au tendre soleil. Ces volcans éteints qui gardent les cicatrices des violences passées, ces vallées sauvages, ces monts chauves et déserts, ces forêts sombres, c'est la France. Mais aussi ces prairies vertes, ces jardins luxuriants, ces blondeurs de terre heureuse. Miraculeux patchwork dont chaque pièce a sa juste proportion, rien ne l'emportant sur rien. En 551 000 km^2 de terres et 3 000 km de côtes, entre quatre mers et cinq chaînes de montagnes, les unes jeunes et les autres anciennes, à égale distance des pôles et de l'équateur, tout se passe comme si la nature avait décidé d'offrir à l'Hexagone un résumé harmonieux de tous ses registres sous climat tempéré. Éparpillés, les fragments du paysage français pourraient être grecs, espagnols, italiens, britanniques, allemands, suisses, hongrois ou polonais. Par la manière dont ils s'enchaînent, et que le survol rend concrètement perceptible, par une certaine qualité de lumière, par une sorte de mystère qui touche sans doute à l'essence des choses et des êtres, ils demeurent pourtant spécifiquement français, d'une homogénéité qui se constate sans pouvoir bien s'expliquer.

A la diversité géographique se superpose la foisonnante variété du paysage humain. Voilà encore une autre caractéristique du territoire français, soulignée par l'image aérienne. Hormis les pics inaccessibles, on y voit constamment les signes de la présence humaine. Elle se révèle par les ouvrages d'art, les routes, les ponts, les viaducs, les barrages; les digues qui enserrent les fleuves trop capricieux; les jetées, les bassins qui domestiquent la mer; les cultures partout modulées; les habitations isolées ou groupées, nichées en hameaux minuscules ou étalées en villes immenses, partout où un espace — vallée, plateau, faille, clairière, rivage, berge — a permis à la vie de s'enraciner. Et là encore chaque peuplement a sa couleur, son dessin, une forme d'implantation, un style de construction, un mouvement des toits qui signent son appartenance à une région. Peut-être est-ce d'ailleurs l'intime mélange de ce que la nature a donné et de ce que les hommes ont fait qui confère à la France, vue de haut, une personnalité clairement identifiable.

Beauté du paysage, diversité des sites, constance de la présence humaine jouant perpétuellement sur l'environnement, telles sont les trois évidences que la photographie aérienne de la France nous fait d'abord toucher des yeux. On peut, cependant, pousser la découverte beaucoup plus loin. Si, outre son intérêt esthétique, la photographie aérienne est devenue un outil essentiel de recherche et de connaissance, c'est qu'elle révèle, à l'examen attentif, beaucoup plus que ce que l'on y voit à première vue. Les signes y foisonnent, qu'il faut apprendre à décoder. Leur interprétation, devenue science à part entière, prendra plus d'importance encore avec la multiplication des photos prises par satellites. Elle livre d'ores et déjà une infinité d'informations sur le passé et le présent, le sous-sol et le sol, la genèse de la terre

et l'histoire des hommes. Les reliefs, par exemple, témoignent des grands bouleversements, des convulsions brutales de l'écorce terrestre, puis de la longue marche de l'érosion. C'est d'avion, et d'avion seulement, que l'on peut, avec une étonnante précision, démonter leurs mécanismes et mesurer leur ampleur. Ici ils dressent des barrières, là ils ouvrent des passages étroits ou béants. Ainsi l'on comprend pourquoi certaines régions sont restées repliées sur leurs particularismes tandis que d'autres se métissaient sous l'influence des invasions ou de leur contrepartie positive: l'échange commercial ou culturel. Leur couleur, leur végétation indiquent la nature des sols. Schiste ou granit, basalte ou calcaire, riche terre alluvionnaire ou caillasse aride, la photographie aérienne permet de le découvrir presque aussi sûrement qu'une analyse de terrain. Du même coup il devient simple d'établir leur lien avec les péripéties géophysiques, de deviner quels sont les matériaux de base de l'architecture locale, la nature des cultures pratiquées. La disposition de ces cultures renseigne à son tour sur leur degré de modernité. Là où demeurent haies, murets et boqueteaux, on est resté au stade de la petite exploitation traditionnelle. Là où s'étend sans frontières le damier des champs, il y a eu remembrement, mécanisation, mise en place d'une agriculture plus industrialisée: autant d'éléments de comparaison utiles à une réflexion globale sur l'économie rurale. La rareté ou la multiplicité des voies de communication — chemins, routes, voies ferrées, canaux, ponts, gares, aérodromes — donne d'excellents indices de l'activité régionale. Le tracé des villages et des villes, la disposition de leurs habitations, de leurs quartiers, de leurs rues, l'emplacement de leurs monuments, fournissent leur date de naissance, racontent les étapes de leur développement, trahissent leur tendance à l'immobilisme ou à l'expansion, à l'harmonie ou au désordre, suggèrent même la nature des pouvoirs politiques qui s'y sont succédé.

Ainsi la photographie aérienne permet-elle de «lire» un pays. Ainsi sa grille de décodage, appliquée à la France, offre-t-elle un moyen tout neuf de découvrir ce que l'on ignorait, de préciser ce dont on n'avait qu'une idée imprécise, de visualiser des connaissances qui étaient demeurées abstraites.

Vue du ciel, voici d'abord la vieille terre gauloise dans sa nudité géologique des commencements. Bien sûr, nous savions quels titanesques bouleversements suivis de longs apaisements ont engendré son relief actuel. Mais soudain, comme dans une superproduction cinématographique, nous voyons, image après image, se dérouler le film. Le profil de chaque région devient une machine à remonter le temps.

Si l'on survole le Massif central, le Massif armoricain ou les Vosges, c'est un bond en arrière de cinq cents millions d'années. Ces trois chaînes datent du plissement hercynien de la fin de l'ère primaire. Il dessina un *v* dont les branches sont le Massif armoricain et les Vosges, la pointe, le Massif central. Nos plus vieilles montagnes, aujourd'hui rapetissées par les ans, se dressaient à l'époque fièrement à 3 000, 4 000 mètres, émergeant des eaux. Elles étaient contemporaines de l'apparition des principaux embranchements d'invertébrés, des premiers vertébrés, puis de l'adaptation du végétal et de l'animal à la vie sur terre. Elles ont aujourd'hui mêmes têtes chenues, même végétation sombre, même halo d'un mystère trop ancien pour être jamais totalement éclairci. Les Maures et l'Esterel, en Provence, ne leur ressemblent pas. Ils ont pourtant une aussi longue mémoire. Mais ils étaient alors partie intégrante du vaste continent Tyrrhénien qui occupait tout le bassin occidental de la Méditerranée, jusqu'à l'Afrique.

Au-dessus du Bassin parisien, du bassin nord-pyrénéen, du «détroit» du Poitou, des plaines de l'Ouest et de l'Est, c'est à l'ère secondaire, de 247 à 65 millions d'années avant notre temps, que l'on arrive. Après ses efforts de l'ère primaire, la création s'offre quelque repos. Les reliefs ne sont plus que pénéplaines en grande partie immergées. L'eau est partout et c'est cette immensité liquide qu'il faut imaginer. Pourtant, dans les fonds sous-marins, tous nos grands bassins se forment, avec une sédimentation importante qui jouera son rôle dans l'avenir. Dès lors, dans les mers s'épanouissent les mollusques, tandis que sur les terres on assiste à la diversification des reptiles, des végétaux supérieurs, que les mammifères font leurs premiers pas et que les premiers oiseaux strient le ciel.

Alpes, Pyrénées, Jura ? Attention, voilà le grand chambardement. C'est l'ère tertiaire — de moins 65 millions à moins 1,5 million d'années. Dame nature s'est réveillée en sursaut. La terre se plisse, se fend, s'ouvre, et dans un gigantesque accouchement pousse hors de son sein ses derniers enfants européens : les Alpes, le Jura, les Pyrénées. Leurs sommets culminent à 7 000, 8 000 mètres, effrayants et splendides sous le ciel pur. Avec leur naissance, tout est de nouveau bouleversé. Le continent Tyrrhénien s'effondre. Voilà les Maures, l'Esterel, la Corse à tout jamais séparés de l'Afrique par la Méditerranée. Au sud et à l'est, les massifs hercyniens

sont relevés. Les plaines émergent. La Beauce et la Brie, par exemple, sont hors d'eau. Et déjà, grâce à la sédimentation, leur fertilité future est assurée. Pour la flore et la faune, il se passe de drôles de choses. Les ammonites, les bélemnites, les chers vieux dinosaures vont disparaître, victimes d'une crise biologique. En revanche, mammifères et plantes à fleurs croissent et se multiplient. Puis, enfin, à l'extrême bout de l'ère, quand sont nées toutes les montagnes, quand fulminent tous les volcans du Massif central, une étrange bête fait son apparition. Elle ne s'appelle encore qu'hominidé, mais elle a un bel avenir devant elle.

L'ère quaternaire — toujours la nôtre, ne vous en déplaise — ne sera plus, géologiquement, que celle des retouches. Les grands glaciers dévalent et parachèvent le modelage du relief. Ces glaciations refroidissent le climat. Certaines espèces n'y survivront pas. L'hominidé, lui, tient bon. Les pithécanthropes succèdent aux australopithèques, puis sont remplacés par les Néanderthaliens. Enfin, voici l'*Homo sapiens*, notre aïeul de Cro-Magnon. Chaque région a pratiquement sa physionomie actuelle. Son relief, la nature de son sol, le cours de ses rivières et de ses fleuves, la forme de ses côtes lui forgent déjà un destin, qui n'attend plus que l'homme pour s'accomplir. Et l'homme est là. Il entame avec la nature un corps à corps tour à tour féroce ou amoureux qui ne cessera plus, jusqu'à aujourd'hui. L'un des prodiges de la photographie aérienne est qu'elle nous permet d'embrasser en un seul regard le paysage primordial, tel qu'il existait au commencement, et, comme en surimpression, la manière dont l'humanité s'y est enracinée et lui a, un siècle après l'autre, imprimé son empreinte. Et c'est ainsi, en vision simultanée, qu'il nous est ici donné de redécouvrir la France.

Notre exploration commence au-dessus de la Provence-Côte d'Azur. D'emblée, elle nous porte au vif du sujet avec un remarquable échantillonnage géologique et un superbe exemple de paradoxe. Ce pays chaotique, aux trois quarts aride, n'avait pour lui que sa beauté sauvage, maigre et violente. D'une terre a priori déshéritée, les hommes ont su faire, peu à peu, une oasis mondiale de la douceur de vivre, transformant les handicaps en atouts. Qu'existe-t-il au départ ? La mer et la montagne. Un climat chaud et sec — le relief fait écran et protège cette zone méditerranéenne des influences septentrionales. Deux vents fous, le mistral et la tramontane. Une géographie physique turbulente. Les restes du plissement hercynien, Maures et Esterel, brutalement déchiquetés vers la mer par l'effondrement du continent Tyrrhénien, y côtoient les montagnes jeunes, Pyrénées et Alpes, lesquelles viennent là s'accoler, d'ouest en est, en plissements parallèles au rivage, qu'elles surplombent de leur impérieuse hauteur. Le plissement pyrénéen, à son tour, a enfanté les Alpilles, le Luberon, l'Estaque, l'Étoile, la Sainte-Victoire, la Sainte-Baume. Dans ce chaos, le Rhône serpente comme il peut, avant d'achever paresseusement, en delta, sa course capricieuse. Côté montagne, ce ne sont qu'étroites vallées, minuscules bassins, torrents tantôt furieux et tantôt épuisés, comme l'Argens, qui sépare les Maures de l'Esterel, l'Arc ou le Var. Côté mer, tout le long des Maures, une côte chaotique, éboulée, trouée de calanques, où les abris naturels, comme la baie de Saint-Tropez, et les rades comme celles de Toulon ou de Marseille, sont rares, puis, tout au long des Alpes-Maritimes, une succession de caps et de rentrants où les bateaux trouvent, de place en place, un peu plus d'hospitalité. Le sol? A l'exception du comtat Venaissin, qui longe le Rhône et tire de cette proximité une indiscutable fertilité — vignes, primeurs, fruits font la richesse d'Avignon et de ses jolies voisines, Carpentras, Cavaillon, Châteauneuf-du-Pape — ce ne sont que granit, mica-schiste, porphyre rouge, calcaire. Des couleurs magnifiques et une aridité désolante. Sur ce sol maigre, sous ce climat chaud et sec, la végétation fait du mieux qu'elle peut. Sauf sur les anciens terrains imperméables, comme dans les Maures et l'Esterel, ou sur les montagnes les plus élevées, les forêts sont rares, essentiellement constituées d'arbres toujours verts — pins, chênes-verts, mélèzes en altitude. Phénomène naturel ou déboisement inconsidéré, elles font le plus souvent place, sur les sols siliceux, au maquis où voisinent pins, bruyères et lentisques, et, sur les sols calcaires, à la garrigue, petite sœur du maquis encore plus pauvre que lui, n'ayant à offrir que le parfum délicieux du thym, du romarin ou de la lavande sauvage, seules plantes qui s'accommodent de son dénuement. Tout le contraire, en somme, d'un jardin d'Éden où l'homme n'aurait qu'à tendre la main pour récolter les beaux fruits de la terre. Pourtant, il va s'enraciner là, cultiver le moindre lopin de terre utilisable, irriguer, monter des aqueducs, lancer des ponts sur les abîmes et faire jaillir la vie. Ce seront le blé, l'olivier, la vigne. Suivront les fruits, les primeurs, les fleurs, les rizières de Camargue. Irrigués, des déserts comme la petite et la grande Crau deviennent des jardins. Au départ, les villages sont perchés: les plaines sont insalubres, et les rivages trop souvent visités par des pirates venus d'ailleurs. Mais peu à peu, les habitants s'enhardissent et descendent de leurs perchoirs. Dès l'Antiquité, Marseille, fondée par les Grecs, et qui en gardera à jamais une forme d'esprit, est un grand port de commerce. Des villes portuaires s'installent, comme Aigues-Mortes, prudemment blotties dans leurs remparts. Des abbayes se nichent dans les vallons. Les églises lancent leurs campaniles ajourés à l'assaut du bleu du ciel. Arles, Nîmes, les deux belles romaines, Avignon, Aix, la bonne ville du roi René, prennent leur essor. Jusqu'à la fin du XIXe siècle le Midi méditerranéen, sans opulence mais sans défaillance, tiendra sa partie dans le concert des provinces. Puis un phénomène nouveau va changer son destin: le tourisme arrive. Vers 1885, Stephen Liegeard lance le nom de Côte d'Azur. Il restera. Et en un siècle, le littoral, de Marseille à Menton, deviendra un gigantesque complexe de loisirs où voisineront villas somptueuses et palaces, rejoints plus tard, et plus démocratiquement, par les terrains de camping et les clubs. La partie s'est inversée: ce qui jouait contre la région Provence-Côte d'Azur — chaleur, sécheresse, montagnes, falaises, sols cristallins — joue désormais pour elle et fait sa fortune. Sept départements constituent aujourd'hui cette entité administrative qui tient géographiquement du microcosme. Les Alpes de Haute-Provence, dont Digne est la ville principale, avec de délicieux villages comme Manosque ou Sisteron, et des splendeurs comme les gorges du Verdon ou les parcs naturels du Queyras et du Luberon. Les Hautes-Alpes, capitale Gap, très fières de posséder la ville — Briançon — et le village — Saint-Véran — les plus hauts d'Europe; on y skie au soleil (Serre-Chevalier, Vars, Super-Dévoluy, etc.) et on y visite le magnifique parc naturel des Écrins. Les Alpes-Maritimes, qui égrènent entre Nice, leur capitale, et Menton, à la frontière italienne, un chapelet de stations prestigieuses: Antibes, Cannes, Roquebrune, Mandelieu, toutes adossées à un arrière-pays superbe; ce sont elles aussi qui recèlent, avec Terra Amata, près de Nice, la plus ancienne trace de la présence humaine en France (300 000 ans). Les Bouches-du-Rhône, dont Marseille est le phare industriel et commercial, tandis qu'Aix-en-Provence en est le phare culturel; il ne faut point y rater Arles, pour sa beauté dorée, ni la Camargue et sa réserve ornithologique, ni les calanques, ni les Alpilles, avec les Baux-de-Provence et Montmajour, qui ont la splendeur délicate des peintres primitifs, ni la montagne Sainte-Victoire qui inspira si superbement Cézanne. Le Var, dont le cœur bat à

Toulon, mais qui a aussi des stations exquises — Bandol, La Croix-Valmer, La Garde-Freinet, Sainte-Maxime, Saint-Raphaël et la plus célèbre de toutes, Saint-Tropez. Le Vaucluse enfin, qui abrite en sa bonne ville d'Avignon le palais des Papes, regorge de ruines romaines — Orange, Vaison — possède un des plus beaux villages médiévaux qui soient — Gordes — et, à Sénanque, une des plus belles abbayes cisterciennes. Ces monuments, ces paysages qui s'enchaînent sans vraiment se ressembler, ces témoignages émouvants ou spectaculaires de la manière dont l'homme tire parti de son environnement tissent ensemble la magie du Midi méditerranéen.

Quittant la Provence-Côte d'Azur, on pique droit sur l'est pour remonter le couloir rhodanien et aborder aux Alpes. Rhône et Alpes ont d'ailleurs été regroupés, administrativement, en une seule région, malgré leurs dissemblances géographiques. En fait, en sa moyenne vallée, le grand fleuve a une double fonction. Tel le Nil en Égypte, toutes proportions gardées, il inscrit une longue bande de fertilité entre des terres plus ou moins montagneuses peu favorisées par la nature. Et surtout, il ouvre une royale voie de passage entre le Massif central, à l'ouest, les Alpes et le Jura, à l'est. Son histoire géologique complexe explique la diversité des paysages qui se succèdent au long de ses rives, entre le défilé de Donzère, sa porte sur le Midi méditerranéen, et les Alpes où il prend son départ. Une grande partie de la dépression rhodanienne a dessiné un golfe marin étroit dont la profondeur et l'extension vers le nord ont varié avec les soulèvements et les affaissements de l'ère tertiaire. Des sédiments se sont déposés. Le niveau du fleuve, fluctuant, a donné naissance à des terrasses. Enfin, un alluvionnement important a fertilisé les vallées. Dans la partie nord, la plus large mais desservant une vallée relativement étroite, des débris fluvio-glaciaires ont formé de véritables plateaux. Ce sont les Dombes, constituées de débris morainiques souvent argileux, et le Bas-Dauphiné. Un pays humide, parsemé d'étangs, longtemps malsain. Au siècle dernier, on l'a assaini, en drainant les marécages et en asséchant bon nombre d'étangs. Ils sont devenus prairies et terre à blé. Les Dombes ne sont plus insalubres, mais ont gardé de grandes étendues boisées qui leur confèrent un charme très mystérieux. Elles restent aussi un territoire privilégié pour les chasseurs et les pêcheurs. Le Bas-Dauphiné rappelle les Dombes, avec des vallées plus riches. Au nord, des terres boisées où abondent châtaigniers et noyers. Au sud, des bois, des landes, des étangs et deux vallées fertiles : la dépression de Bièvre-Valloire, où coulait autrefois l'Isère, et l'actuelle vallée de l'Isère. Au sud du couloir rhodanien, en revanche, le fleuve se resserre dans une suite de défilés (Vienne, Tain, Tournon, Cruas, Donzère) mais traverse une série de bassins qui constituent autant de petites plaines riches, où l'on a longtemps pratiqué la polyculture avant de passer à des exploitations plus spécialisées et rémunératrices comme la vigne et les fruits. Sur sa rive droite, en surplomb de l'étroite bande fertile de la vallée, cavalcadent les monts du Vivarais (le département de l'Ardèche) sous leur manteau de châtaigniers. Les paysages y sont superbes, avec des défilés et des gorges, celles de l'Ardèche, par exemple, qui évoquent irrésistiblement le cadre d'un western. Tout naturellement, la richesse de la vallée a attiré les hommes. Ils ont abandonné plateaux et montagnes pour venir se concentrer sur les rives nourricières du fleuve, partagées entre l'agriculture et l'industrie. Tout aussi naturellement, une métropole s'est enracinée au point exact où convergeaient les voies de communication : Lyon, fondé en 41 avant J.-C. par Munatius Plancus. Il n'avait point échappé à cet ancien lieutenant de César que toutes les routes gallo-romaines se croisaient là. Très vite Lyon, alors nommé Lugdunum, devint la capitale des Gaules. C'est aujourd'hui la troisième ville de France, grand centre industriel, financier, commercial, intellectuel, religieux (son archevêque est toujours le Primat des Gaules) qui rayonne sur huit départements — Ain, Ardèche, Drôme, Isère, Loire, Rhône, Savoie et Haute-Savoie. Ultime fleuron à sa couronne, Lyon est aussi — en France, cet aspect ne saurait être négligé — un des hauts lieux de la gastronomie.

En quittant le couloir rhodanien, un petit crochet au nord-ouest amène au-dessus de sa belle voisine, la Bourgogne. Encore un véritable carrefour européen par lequel communiquent l'Europe centrale, l'Europe rhénane, la Flandre, le Bassin méditerranéen et le Bassin parisien. La province comprend aujourd'hui le Nivernais et l'essentiel de cet ancien duché de Bourgogne qui donna tant de soucis aux rois de la France médiévale. Les terrains, les formes de relief y sont à ce point divers qu'aucun coin de Bourgogne ne ressemble à un autre. A la bordure orientale du Massif central, on y retrouve, avec les monts du Charolais, du Mâconnais et le massif du Morvan, les témoignages de l'ère primaire. Vers la partie orientale du Bassin parisien, les plateaux jurassiques de la basse Bourgogne sont un souvenir de l'ère secondaire. La plaine de la Saône, enfin, sédentaire et alluviale, glisse au pied des montagnes jeunes de l'ère tertiaire — Jura et Alpes de l'Est — et s'est fertilisée à l'ère quaternaire. Ainsi passe-t-on de forêts sombres en vertes prairies — le Charolais, le Mâconnais, une partie du Nivernais sont réputés pour leurs élevages de bovins —, de l'aridité des plateaux calcaires de Langres et du Châtillonnais, boisés, pauvres, en voie de dépeuplement, à l'ondulation des blés dans les vallées de l'Auxerrois et du Tonnerrois, et au foisonnement superbe des vignes de la côte bourguignonne. Celle-ci commence à Mâcon et finit à Dijon, tout le long de la retombée des plateaux sur la plaine de la Saône, qu'elle domine d'une centaine de mètres. Il s'agit, en fait, d'une ligne de failles où l'érosion a profondément altéré le relief primitif. Orientation au sud-est, multiplication des indentations dans les gradins des failles, richesse du terroir: la vigne, bénis soient la nature et les dieux, a trouvé là un terrain d'élection qui n'a pas échappé aux hommes. Dès l'époque romaine, elle croissait, prospérait et donnait déjà des vins réputés. Ce vignoble comprend trois grands secteurs: la Côte d'Or, de Dijon à Chagny, où s'égrènent les clos les plus prestigieux — Gevrey-Chambertin, Vougeot, Vosne de la côte de Nuits, Corton, Pommard, Meursault, Montrachet de la côte de Beaune; la côte chalonnaise, retombée du Charolais, avec le mercurey et le givry, vins blancs excellents; la côte mâconnaise, enfin, aux crus un peu moins renommés mais aux plus qu'honnêtes vins blancs, dont le vignoble se prolonge dans le Beaujolais. A ce florilège vigneron, il faut encore ajouter les délicieux vins blancs secs de l'Auxerrois et du Tonnerrois, notamment le chablis. Paradis des nourritures terrestres, la Bourgogne est aussi celui des nourritures spirituelles. Du temps où de Dijon, sa capitale, les grands ducs d'Occident régnaient sur des terres qui s'étendaient de la mer du Nord aux cantons de Suisse, elle a conservé une remarquable unité artistique. La Bourgogne fut l'un des berceaux de l'art roman et dans la région de Tournus on ne recense pas moins de deux cents édifices à la pureté caractéristique. Cluny, dont l'abbaye bénédictine posséda la plus grande église de l'Occident après Saint-Pierre de Rome, était au XIᵉ siècle le centre intellectuel de la chrétienté.

Dans le Morvan se dresse la basilique de Vézelay, splendeur romane s'il en est. Elle semble avoir mission d'élever la très terrienne province de Bourgogne vers le ciel, comme pour bien montrer qu'en cette aire de passage si âprement disputée, les extrêmes peuvent se rejoindre.

Cap sur l'est, changement de paysage, changement d'époque. Le Jura, les Alpes vont tenir un autre discours. Comme un glacier qui s'avance, une mer aux titanesques vagues minérales déferle sur toute une contrée. Nous sommes à l'ère tertiaire, les Alpes naissent. Pourquoi? Comment exactement? A propos de cette genèse, les géologues en sont encore aux hypothèses, aux discussions savantes et très argumentées. Du moins sont-ils d'accord sur un point: ces sommets vertigineux ne sont en réalité que des débris. Si l'érosion n'avait accompli son œuvre, leurs sommets rivaliseraient avec ceux de l'Himalaya. Telles qu'elles sont, divisées en Alpes du Nord et Alpes du Sud, longues de trois cents kilomètres, larges de cent cinquante, monde à part dominant notre continent des 4 807 mètres de leur point culminant, le mont Blanc, elles ont encore le pouvoir de fasciner et de faire rêver à un univers que l'homme n'aurait pas touché. Leur formation, en vérité, est complexe. A l'origine, des terrains sédimentaires occupaient le fond d'un profond géosynclinal. Au moment de la genèse alpine, ils furent soumis à de violentes poussées latérales et verticales qui firent réapparaître les roches primaires cristallines tandis que ces terrains sédimentaires se plissaient, à l'est intensément, à l'ouest plus mollement. A l'ère quaternaire, l'action des glaciers qui creusèrent de profondes vallées entailla les cluses où se glissèrent les torrents, où s'installèrent les lacs. L'érosion entama son œuvre, qu'elle poursuit toujours. De ces péripéties naquit une grande variété de reliefs: petites plaines dans le Grésivaudan, bassins intérieurs, comme celui de l'Arve, larges vallées, gorges étroites, zones de lacs, plateaux, pentes douces, pentes raides, alpages accessibles, pics inexpugnables, glaciers, neiges éternelles. La multiplicité des vallées et des cluses eut une conséquence heureuse: elle rendit ce chaos sauvage facilement pénétrable — Hannibal et ses éléphants l'ont prouvé. Les Alpes du Sud ont toutes les caractéristiques du climat méditerranéen. Elles sont d'ailleurs rattachées, administrativement, à la région Provence-Côte d'Azur. Leur relief est confus. D'abord des Préalpes en désordre, orientées tantôt dans le sens nord-ouest—sud-ouest (Diois, Préalpes de Digne, Alpes-Maritimes), tantôt dans le sens est-ouest (Baronnies, Ventoux, Luberon). La vallée de la Durance y constitue une voie de pénétration vers l'intérieur, mais il n'y a pas de sillon longitudinal. Les massifs cristallins se réduisent au Mercantour, avec le col de Tende. Les Grandes Alpes plissées forment le massif du Parpaillon avec le col de Vars, les Trois-Évêchés avec les cols d'Allos et de Larche, et le mont Pelat. Au nord du Queyras, le col d'Izoard conduit à Briançon. Sécheresse, aridité, misère. Seuls les grands travaux du génie civil — construction de barrages sur le Verdon, le Var, la Durance — permettant à la fois l'irrigation et la production d'électricité, ont pu améliorer un peu les conditions de vie des habitants qui s'accrochent là. Tourisme et sports d'hiver leur apportent aujourd'hui un surcroît de ressources dont ils avaient grand besoin. Avec les Alpes du Nord, le tableau est complètement différent. Elles correspondent aux anciennes provinces de la Savoie et du Dauphiné. Ce sont les Alpes les plus élevées, les plus humides, les plus riches dans les domaines agricole et industriel, les mieux équipées en stations touristiques et, par voie de conséquence, les plus peuplées. Elles se divisent en zones nettement délimitées. D'abord, les Préalpes avec six massifs: le Chablais, entre le lac Léman et l'Arve; les Bornes, ou Genevois, entre les cluses d'Arve et d'Annecy; les Bauges, entre les cluses d'Annecy et de Chambéry; la Grande Chartreuse, entre les cluses de Chambéry et de Voreppe; le Vercors, entre Grenoble et la Drôme; le Dévoluy, enfin, entre le Vercors et le Drac. Puis les massifs centraux cristallins, avec également six massifs: les Aiguilles Rouges, au nord de l'Arve; le massif du Mont-Blanc, avec ses pics géants et ses longs glaciers (18 kilomètres pour la mer de Glace); le massif de Beaufort, coupé par la vallée de la Tarentaise; les Grandes Rousses; l'Oisans, entre l'Arc et le Drac. Enfin les Grandes Alpes plissées qui comprennent, pour la partie française, la Vanoise, entre l'Isère (Tarentaise) et l'Arc (Maurienne), avec les cols de l'Iseran et du Mont-Cenis, et les Alpes de Briançon, avec les cols du Mont-Genèvre, du Galibier et du Lautaret, où s'escriment les coureurs cyclistes du Tour de France. Entre les pics serpente le Sillon alpin, grande voie de passage due aux anciens glaciers, qu'empruntent successivement l'Arly, l'Isère, le Drac, et qui, dans le Grésivaudan, s'étale jusqu'à quatre ou cinq kilomètres de large. Ses ramifications permettent la pénétration dans la Tarentaise, la Maurienne et l'Oisans. Partout le climat est rigoureux, humide, partout les pics trouent l'horizon, et pourtant, rien de moins désolé que ces Alpes du Nord. Jusqu'à 2 800 mètres, où commencent le roc et les neiges persistantes, la végétation s'y déploie gaillardement, avec d'autant plus d'énergie qu'elle peut bénéficier du soleil. L'adret, versant exposé à la lumière, est toujours plus riche que l'ubac, le versant de l'ombre. Ces deux notions jouent un rôle essentiel dans la vie des montagnards.

Jusqu'à 400 mètres sur l'ubac, 800 et parfois 1 000 sur l'adret, ils font pousser des céréales, de la vigne même, dont on tire d'excellents vins blancs secs. Ensuite viennent les forêts de feuillus (hêtres et châtaigniers surtout) jusqu'à 1 300 mètres, puis, jusqu'à 1 800 et parfois 2 000 mètres, les épicéas, les sapins, les pins, les mélèzes. Et enfin s'étendent les alpages, avec leur herbe grasse et leur flore merveilleuse. Tout cela donne une vie agricole variée, avec des céréales, des arbres fruitiers, un élevage bovin et une industrie laitière très importants, une exploitation forestière active. Grâce à l'installation de barrages sur le Drac, l'Isère et dans le Beaufortin, la production d'énergie, en favorisant la modernisation des industries traditionnelles et la création de nouveaux secteurs d'activités, est venue compléter ce tableau déjà positif. L'essor des sports d'hiver a fait le reste. Là sont les grandes haltes thermales — Évian, Aix-les-Bains. Là sont les principaux centres d'alpinisme — le bassin de l'Oisans et Chamonix. Là surtout sont les petites et les grandes stations de ski, anciennes ou nouvelles. Megève, toujours un peu snob mais si charmante. Courchevel, qui fut longtemps l'hiver ce qu'était Saint-Tropez l'été. Méribel l'ensoleillée, Val-d'Isère la sportive, Avoriaz où l'audace de l'architecture moderne s'est intégrée au site montagnard, et bien d'autres encore. On y trouve même, par chance, dans la vallée de l'Arly par exemple, de vrais villages pas encore tout à fait dévorés par les chercheurs d'or blanc, avec de vrais vieux chalets et de vrais cafés où l'on boit, sur le comptoir de bois, du vrai vin blanc de pays servi par de vrais Savoyards. Devenues le «parc de jeux» de la France, livrées aux complexes des neiges, striées en tous sens de téléphériques, les Alpes du Nord couraient un risque: celui de voir détruites leur faune et leur flore exceptionnelles. On s'en est préoccupé en créant réserves et parcs naturels. Ainsi naquit, en 1963, à 2 000 mètres d'altitude, le parc de la Vanoise, conçu pour protéger, sur 60 000 hectares, animaux et plantes en voie de disparition. C'est aujourd'hui un jardin extraordinaire où l'on peut admirer la renoncule des glaciers, la gentiane, l'ancolie, l'anémone printanière, l'edelweiss. A l'abri des hommes, bouquetins, gelinottes, coqs de bruyère, marmottes, lièvres, blaireaux, martres et renards s'y multiplient en faune indocile et heureuse, dans la béatitude d'un éden vertical.

Habitées depuis toujours, les Alpes ont en fait connu trois époques: aux temps pastoraux succéda une révolution industrielle suscitée par la production de la houille blanche. Puis est venu le tourisme, seconde révolution qui, en ampleur, a dépassé la première et, plus qu'elle encore, modifie le paysage et les modes de vie. Au XIXᵉ siècle, les Alpes se dépeuplaient. Aujourd'hui, leur population s'accroît. Elles n'en demeurent pas moins le royaume des fous de solitude, des amateurs de défi et des amoureux de nature vierge.

Dans le prolongement des Alpes se profile leur écho, le Jura, la plus septentrionale des montagnes françaises de l'époque tertiaire. Son développement a été gêné par le vieux socle hercynien sur lequel il débordait, du côté des Vosges. Cela lui a valu sa forme en croissant, gonflée au centre, effilée aux extrémités dont l'une bute sur les Alpes, l'autre sur les Vosges. Beaucoup moins élevé que les Alpes — son point culminant, le Crêt de la Neige, ne dépasse pas 1 800 mètres — il est pourtant beaucoup moins facile à franchir. Deux types de paysage y voisinent: dans la partie orientale, des chaînes, et, pour le reste, des hauts plateaux. Le secteur proprement montagneux, peu étendu sur le territoire français — la Suisse en détient la plus grande part — offre un relief tout à fait caractéristique qui, du reste, a engendré un vocabulaire typiquement jurassien. Il était, au départ, formé de plis sagement parallèles. Mais l'érosion fluviale et glaciaire l'a singulièrement sculpté. Les voûtes sont les anticlinaux, les vals les synclinaux. Les rivières coulent dans les vals. La partie supérieure des voûtes, érodées, a souvent été détruite pour ne laisser subsister que deux lignes de crêts, dominant l'intérieur de la voûte creusée par les «ruz», que l'on appelle une combe. Les rivières, de leur côté, ont quelquefois tranché les voûtes en cluses. Autant de mots que l'on retrouve sans cesse dans la toponymie jurassienne. Deux plis seulement sont français, et coupés par le Rhône: le premier à l'est, avec les sommets les plus élevés — Crêt de la Neige, Crêt d'Eau (1 723 et 1 624 mètres), le second, séparé par les vallées de l'Orbe et de la Valserine, porte le Risoux, le Grand-Colombier (1 534 mètres) et, au sud du Rhône, la Dent-du-Chat, qui atteint encore 1 497 mètres. Au nord, le Lomont, moins élevé, orienté est-ouest, est entaillé par le Doubs. Les hauts plateaux, quant à eux, s'étendent au centre sur 30 kilomètres de large. Ils sont compartimentés par des failles et des plis parfois coupés de vallées profondes. Au nord (Maîche, Ornans), ils sont calcaires et très secs. Au centre apparaissent les marnes et les argiles glaciaires. Levier et Nozeroy sont humides, Champagnole semé de lacs, Grandvaux très rude,

entaillé par la combe de l'Ain. Au sud, le plateau de Moirans descend en gradins vers l'ouest. Dans le Bugey, les chaînons sont nombreux. La retombée des plateaux sur la plaine forme la côte. Et parmi tout cela des rivières, des cascades, des grottes, des lacs par dizaines, des forêts sur un tiers de la superficie, et des prés-herbages sur les plateaux. Un pays superbe et sombre qui vécut longtemps de ses bois et de sa production laitière, avec quelques vignes dans la partie la plus favorable de la côte et une petite industrie traditionnelle peu à peu complétée par des industries modernes. Le tourisme y reste discret, malgré l'essor du ski de fond auquel le site est particulièrement adapté. Peu galvaudé, avec ses gros bourgs et ses petites villes nichées à l'entrée des reculées, ses longues vallées closes aux abruptes parois de calcaire, le Jura garde ses particularismes, infiniment riche de paysages hautains et de légendes à faire frissonner le soir au coin du feu.

Les montagnes se suivent et ne se ressemblent pas. Le jeune Jura voisine avec les Vosges, partagées entre la Lorraine et l'Alsace. Ce vieux massif hercynien écrasé sur lui-même fut râpé par les glaces qui, en se retirant, ont oublié dans ses failles des lacs aux eaux noires. Un pays rude, soumis aux froids hivernaux les plus mordants de France, mais couvert d'épaisses forêts, doté de paysages grandioses, pétri de traditions vénérables. Au sud, ce sont les Vosges cristallines, les plus élevées. Elles vont du ballon d'Alsace au Climont. Leurs grès ont été nettoyés par l'érosion, et les roches les plus anciennes ont réapparu. Elles culminent à 1 466 mètres (ballon de Guebwiller) et ne se franchissent que par des cols haut perchés (la Schlucht, 1 159 mètres, le Bonhomme, 953 mètres). Les glaciers quaternaires y ont creusé des cirques, élargi de profondes vallées où se sont formés les lacs: lac Blanc, lac Noir, Retournemer, Longemer, Gérardmer. Au nord se trouvent les basses Vosges, ou Vosges gréseuses, séparées de leurs grandes sœurs par un sillon qui inclut, notamment, le bassin de Saint-Dié. Moins élevées que les Vosges cristallines, elles n'en sont pas mieux pénétrables. Leurs grès déchiquetés sont devenus rocs inexpugnables, chaos d'éboulis, tables perchées, comme celle du mont Sainte-Odile. Singulièrement, ce pays difficile n'est pas dépeuplé, et plus étrangement encore, malgré des voies de communication difficiles, comme pour mieux garder ses particularismes, on y préfère la solitude au groupe. Aucune grande ville: même Épinal, le chef-lieu, ne dépasse pas, banlieue comprise, 54 000 habitants; quelques gros bourgs et, surtout, un habitat dispersé dans ce que l'on appelle, avec un mot qui fait image, les écarts. On y vit du bois grâce aux 300 000 hectares de forêts qui couvrent 45 p. 100 de la superficie du département, d'élevage et de production laitière, d'une industrie textile (lin et coton) qui fut autrefois florissante avant de connaître des difficultés dues à la concurrence étrangère, de quelques industries modernes et de tourisme. La route des Crêtes, chemin stratégique tracé pendant la Première Guerre mondiale, qui serpente dans des paysages d'une surprenante grandeur, est devenue route touristique. A Plombières, Bains-les-Bains, Contrexéville, Vittel, les surmenés de la vie moderne se refont, au fil des cures, une santé évaporée dans les trop toxiques métropoles. Et aux amateurs de ski de fond, de randonnées nordiques et même de ski alpin, les Vosges proposent les stations les plus proches de Paris.

Administrativement, les Vosges ne forment qu'une seule région avec la Lorraine qui, entre Vosges et Ardennes, prolonge la Champagne et fait géologiquement partie du Bassin parisien. Cet étrange pays, à 350 kilomètres de Paris, est un avant-poste de l'Europe centrale. Il en a le climat: hivers glacés, étés brûlants. Il en a les paysages, tantôt vêtus de sombre, vaguement inquiétants, tantôt doux comme une berceuse polonaise. Jusqu'à ses cours d'eau qui boudent l'Ouest, la Seine, la Manche, le Bassin parisien si proche. Ils courent tous, par la Moselle, le Rhin, la Meuse, à la mer du Nord. Et pourtant, dans l'air lorrain, flotte un parfum presque méditerranéen. Il est même perceptible du ciel. Les longs villages-rues qui regroupent les habitants sont coiffés de tuiles quasiment provençales, et leurs toits ne sont pas à forte pente, comme c'est généralement le cas dans l'Est, mais presque plats. De ses péripéties géologiques, la Lorraine a gardé un sous-sol riche et un sol qui n'est pas toujours pauvre. Entre le bassin houiller qui borde la frontière sarroise et les gisements de fer situés au nord de la vallée de la Moselle, ce sont les belles forêts, les amples vallonnements d'un pays agricole aux routes bordées d'arbres fruitiers. A peine a-t-on quitté Rombas, Hayange, Thionville, places fortes d'une industrie sidérurgique aujourd'hui en crise aiguë, on retrouve la plaine grasse, les labours et les troupeaux. Les vignes, qui autrefois étaient partout, demeurent sur les côtes de Meuse et de Moselle et donnent à profusion le délicieux vin gris. Nancy, la capitale, possède l'un des ensembles les plus somptueux et les plus représentatifs de l'architecture du XVIIIe siècle. Metz, Toul, Lunéville ont aussi leurs titres de noblesse architecturale. Enfin, créé en 1974, un parc naturel de 185 000 hectares permet une immersion dans le capital naturel, historique et humain de la région. En vérité, cette «marche», comme disent les géographes et les historiens, qui fait si bien communiquer les pays méditerranéens avec ceux du nord-ouest, et le Bassin parisien avec l'Europe centrale, avait tout pour être paisiblement prospère. Mais à être, naturellement, voie de communication, on est tout aussi naturellement voie d'invasion. On s'est battu là depuis toujours. Dans ces vallées si belles, dans ces champs féconds longuement pétris par le labeur des vivants, il y a peut-être plus de morts qu'en aucun autre pays du monde. Voilà pourquoi, sans doute, les Lorrains, envahis, déchirés, contraints, s'enracinent obstinément et maintiennent coûte que coûte leurs particularismes, leurs traditions et leur liberté.

Au nord-ouest de la Lorraine, un autre vieux massif fait pendant aux Vosges: les Ardennes, qui se partagent entre la Belgique et la France. Réduites, en fait, à l'état de pénéplaine durant l'ère secondaire, elles apparaissent en France comme un plateau schisteux et gréseux dans lequel la Meuse et ses affluents ont entaillé de profondes vallées. Forêts et landes recouvrent le plateau. De minuscules plaines alluviales occupent les vallées. Au sud une dépression, creusée dans les argiles et en partie empruntée par la Meuse, ouvre une importante voie de passage vers la Belgique et la mer du Nord. Les ressources agricoles y sont médiocres, et l'industrie, favorisée par la facilité des communications, l'emporte de loin sur elles. On a tendance à y passer sans s'arrêter. Pourtant les forêts sont belles et profondes, peuplées de chevreuils, de cerfs, de sangliers, telles que les a chantées Verlaine, l'enfant du pays, et ramènent à des temps sauvages où le poids du présent s'abolit.

De l'autre côté des Vosges, c'est l'Alsace. Un long couloir entre Vosges, Rhin et Forêt noire. Un fragment important de l'axe Rhin-Rhône. Deux départements seulement — le Haut-Rhin, qui englobe la montagne vosgienne et dont le cœur bat à Colmar; le Bas-Rhin, capitale Strasbourg, ville de plaine tout entière tournée vers le fleuve — et cependant région à part entière, entité aux particularismes accusés. On est ici dans une zone de calme géologique. En s'effondrant, le massif Vosges-Forêt noire creusa un golfe marin que les marnes, les argiles et les sables du tertiaire comblèrent. Pleins de bonne volonté, le Rhin et les rivières vosgiennes déposèrent des alluvions qui fertilisèrent le sol. Les Vosges faisant écran, l'Alsace fut dotée d'un micro-climat bien plus sec et lumineux que les autres provinces du Nord-Est. Aujourd'hui, si l'on est géographe, on la divise en trois zones: les collines sous-vosgiennes, formées de plaques calcaires ou gréseuses, bien ensoleillées, où la vigne est reine. Une route les réunit, de Molsheim à Colmar. Entre Ribeauvillé et Riquewihr, Turckheim et Kaysersberg on y déguste, d'étape en étape, riesling et traminer à la fois secs et fruités. Vient ensuite une bande de terrasses le plus souvent couvertes d'une épaisse couche de lœss très fertile. Tout y pousse: le blé, l'orge, le houblon, les légumes, les arbres fruitiers et même le tabac. Enfin c'est le Ried, plaine alluviale formée de sables, d'argiles, de cailloutis, hier marécageuse, aujourd'hui partiellement asséchée pour être vouée à l'industrie céréalière. Point n'est besoin, toutefois, de ce compartimentage pour admirer la plaine riante ourlée d'un fleuve large et profond, couverte de prairies, de bois, de champs de blé, de vergers, puis les coteaux qui grimpent en pente douce, sous leurs vignes, avant de devenir montagnes bleues. «Quel beau jardin!», s'exclama Louis XIV lorsque, par le traité de Westphalie, à la fin de la guerre de Trente Ans, il prit possession de cette province. Depuis le XVIIᵉ siècle, certes, elle a changé et s'est industrialisée, mais protégée par ses deux frontières naturelles, les Vosges et le Rhin, elle a conservé l'essentiel de ce qui enchantait le monarque. Les villages s'y égrènent, petits mais nombreux, fleuris, soignés, avec leurs places pavées, leurs fontaines, leurs toits pentus, leurs colombages et leurs volets de bois ouvragés soigneusement repeints chaque année. Ils ont des airs charmants de décor d'opérette, et pourtant, ils ne se reconstituent pas, ils sont tels que les Alsaciens les ont toujours construits, tels qu'ils entendent les conserver. Les villes ne sont pas en reste. Strasbourg, capitale régionale, siège du Conseil de l'Europe, enferme, entre sa cathédrale et ses vieux quartiers, plus de merveilles qu'un touriste ne peut en voir en quelques jours. Une sémillante rivière, l'Ill, y étend ses deux bras. C'est de là qu'est venu le nom d'Alsace. Plus proche des Vosges, Colmar est une délicieuse ville de maisons à pignons plongeant à pic dans des eaux tranquilles, qui évoque Bruges ou Amsterdam. Tout y a un petit air de travers, une désinvolture plaisante, le joli et chaud désordre de la vie. Une manière de symbole en somme: celui de la subtile harmonie et du goût du bien-vivre que, malgré les invasions, les guerres, les déchirements, le «pays de derrière les Vosges» a su conserver.

Voici des plaines maintenant, et, déjà, l'appel du large. De l'ampleur. Du souffle. Ce vaste espace qui dévale, d'est en ouest, des forêts ardennaises au cap Gris-Nez, et, de sud en est, commence aux portes de Paris pour ne finir sur terre, qu'à l'Asie; c'est le plat pays, le Nord, Thiérache, Hainaut, Cambrésis, Flandre, Artois, Boulonnais, Picardie aussi — bien que cette dernière soit généralement rattachée au Bassin parisien. Le relief est jeune. Sur le socle primaire, qui n'apparaît que vers le massif ardennais, se sont ajoutés, aux ères secondaire et tertiaire, des craies, des calcaires, des sables, des argiles. A l'ère quaternaire, l'effondrement du Pas de Calais a séparé le Nord de la Grande-Bretagne. Une dernière invasion de la mer s'est alors produite, qui a laissé en Flandre maritime d'épais dépôts de sables, lesquels ont été ensuite enfouis sous une couche de tourbe ou d'alluvions récentes. Résultat: une terre riche et grave, quadrillée de rivières sages et ouverte à tous vents. Aucune défense naturelle ne la protège. Route des grandes invasions, théâtre de quelques-unes des plus sanglantes batailles livrées en Europe du Moyen Age à notre temps, elle semble n'avoir d'autre vocation que celle de voie de passage, tantôt stratégique et tantôt économique. Et pourtant, quelle activité fébrile y ont déployée les hommes! L'industrie? Oui, sans doute. C'est la première étiquette qui s'attache au Nord. Dans les années 60, il était premier pour le bassin houiller, premier pour l'industrie textile, second pour l'industrie métallurgique, troisième pour l'industrie chimique, sans compter les industries alimentaires, les cimenteries, les papeteries, les cartonneries, la faïencerie, la miroiterie. Mais il était aussi tête de liste pour l'agriculture intensive, modernisée, industrialisée et l'élevage, avec des rendements records: 45 quintaux à l'hectare pour le blé, par exemple, alors que la moyenne française n'est que de 30 quintaux; 3 200 litres de lait par vache, chaque année, contre une moyenne nationale de 2 300 litres. Qui active cette fourmilière? Une population nombreuse, occupant l'espace avec une extrême densité et regroupée dans les villes de l'intérieur ou les ports et leurs longues banlieues. 175 000 habitants à Valenciennes, 140 000 à Douai, 100 000 à Dunkerque, 90 000 à Boulogne, plus d'un million pour l'agglomération lilloise, capitale régionale. La même activité fébrile règne en Picardie.

400 000 hectares de labours, 83 000 de prés, 50 000 de forêts. On a l'impression d'un gigantesque champ qui irait, sans interruption, de la région parisienne à l'Artois, tantôt semé de blé, tantôt de betterave. Culture intensive, machines agricoles sophistiquées, industrialisation de l'exploitation de la terre constituent l'évolution logique d'une attitude qui, depuis le Moyen Age, caractérise les Picards. En 1701 déjà, l'intendant du roi constatait que, de toute la France, cette province était celle qui comportait le moins de terres incultes. Même les vallées autrefois marécageuses, où s'étendaient de sauvages terrains de chasse et de pêche, ont été récupérées pour la culture. Drainées par des canaux à angles droits, elles ont été découpées en îlots rectangulaires destinés aux cultures maraîchères. Ces hortillonnages de la Somme sont uniques au monde. Logiquement, villes et bourgs se sont multipliés. Chaque carrefour, qu'il s'agisse d'un croisement de routes, de voies ferrées ou de canaux, a engendré une cité. De la même manière, les ponts qui enjambent les larges vallées, difficilement franchissables, ont suscité des villes d'une extrême importance. Ainsi en est-il d'Abbeville, de La Fère, et surtout d'Amiens. Seule exception à la règle de l'inlassable activité: le littoral. L'ensablement de l'estuaire de la Somme a donné un coup d'arrêt à l'activité des ports. Les rivages picards, avec la côte d'Opale, des stations comme Le Touquet, Berck-Plage, Le Crotoy, Saint-Valéry, sont désormais essentiellement consacrés au tourisme. Et pour les amoureux de solitude, reste l'estuaire, âpre paysage de sables et de marais qui semble inchangé depuis la préhistoire. Par milliers, les oiseaux migrateurs y font étape. Ils faisaient l'objet d'une bataille entre les chasseurs, amateurs de traque «à la hutte», et les protecteurs de la nature. Ces derniers ont obtenu la création du parc ornithologique de Saint-Quentin-en-Tourmont; ainsi, la paix est revenue.

Il ne reste plus, maintenant, qu'à se laisser glisser tout le long des côtes, pour survoler, après la France montagnarde de l'Est, la France littorale de l'Ouest. La Normandie s'enchaîne à la Picardie et y prolonge la façade maritime du Bassin parisien. Son sol? Essentiellement les sédiments des ères tertiaire et secondaire, souvent synonymes de fertilité. Son relief: bocages, plateaux, plaines. En fait, on distingue deux Normandies: la Normandie orientale, ou haute Normandie, au nord-est de la Seine, et la Normandie occidentale, ou basse Normandie, au sud-ouest du fleuve qui lui tient lieu

d'artère principale. Surtout formée de plateaux crayeux élevés, la haute Normandie ressemble comme une sœur à sa voisine picarde, dont elle n'est séparée que par le très bocager pays de Bray. Les riches plateaux du nord de la Seine forment le pays de Caux, calcaire et recouvert de limons. Les cultures et les prairies pour l'élevage des bovins s'y partagent à peu près également le sol. A l'est, le Vexin normand, plus riche en limons, est encore plus fertile. Nul besoin de se grouper, ni pour survivre, ni pour se défendre. L'habitat est dispersé, chaque ferme cauchoise bien isolée de sa voisine à l'intérieur de son territoire planté de pommiers, entouré de son talus planté, le fossé. Les villes sont petites et, comme Yvetot et Bolbec, jouent essentiellement le rôle de marchés agricoles. La côte est bordée de falaises blanches qui parfois surplombent la mer de plus de 100 mètres. Sapées à leur base par le mouvement des vagues, érodées par le vent, elles se découpent en ogives, se sculptent en colonnes aux cimes desquelles nichent mouettes et goélands. Deux grands ports seulement, Dieppe et Fécamp, principalement ports de pêche. Au sud de la Seine s'élèvent d'autres plateaux, eux aussi crayeux et élevés, tantôt herbagers, tantôt céréaliers. C'est en réalité la Seine, arrivant là au bout de sa course paresseuse, qui draine toute l'activité. Dans le calcaire, elle a creusé de larges méandres. Ses alluvions constituent une plaine, parfois large de quatre kilomètres, souvent couverte de forêts. A Tancarville, on la franchit par le plus grand pont suspendu de France: 608 mètres. Elle constitue dans la haute Normandie une véritable rue industrielle où Rouen joue les villes carrefours, avec son titre de quatrième port maritime français, tandis que Le Havre, à la fois centre commercial et industriel, tient le rôle de capitale. Quant à la basse Normandie, c'est, à la lettre, le pays vert. Argileux, humide, le pays d'Auge est celui des bocages, des prairies, de l'élevage des bovins et des grandes industries laitières: beurre et fromages. Calcaires, les campagnes de Caen, d'Argentan et d'Alençon sacrifient davantage aux céréales. Enfin le Cotentin et le Bocage normand ramènent à l'ère primaire: ils font partie du Massif armoricain. Roches granitiques et schistes y dominent, ce qui n'exclut pas la richesse. Bovins, moutons, et beurres très réputés pour le Cotentin, chevaux, vaches et forêts pour le bocage à collines granitiques ou gréseuses que des amateurs d'analogies parfois hâtives ont baptisé la Suisse normande. Sauf à Cherbourg, port militaire, et à Caen, la vie maritime est assez réduite. En revanche, les stations balnéaires mondaines ou familiales y sont nombreuses, la plus célèbre d'entre elles, Deauville, continuant d'y briller de tous ses feux. Tout au bout du Cotentin, au voisinage de la Bretagne, une merveille tient lieu de frontière entre deux provinces. Breton pour les uns, normand pour les autres, le Mont-Saint-Michel veille, éternelle sentinelle à l'écoute du ciel.

Une rivière à franchir, le Couesnon, et de nouveau tout change. Entre Manche et Atlantique, une étrave déchirée fend les flots. Ce vaisseau de haut bord, au bout de la France, de l'Europe, d'un continent, balcon sur le grand large, vue imprenable sur les rêves d'aventure, c'est la Bretagne, poupe à jamais fixée à la terre, proue offerte à tous les vents de Dieu et du diable. Cette région à part entière est si diversifiée qu'elle constitue en réalité une mosaïque de provinces, chacune avec ses particularismes. Un lien, pourtant, les unit: toutes regardent vers la mer. Au commencement — on a peine à imaginer cela aujourd'hui — la Bretagne est une montagne haut dressée au-dessus des flots. Les 60 000 km^2 du Massif armoricain, à l'ère primaire où ils naissent du plissement hercynien, pointent gaillardement vers le ciel. A l'ère secondaire, ils sont ramenés à l'état de pénéplaine. A l'ère tertiaire, période de grande turbulence géologique, ils se relèvent. Puis l'érosion reprend son œuvre, les roches tendres s'évident, des affaissements donnent naissance au bassin de Rennes et au bas Cotentin. Au quaternaire, la mer ajoute sa touche au paysage. En régressant, elle provoque un nouveau creusement des vallées. Puis elle se glisse dans ces territoires qu'elle n'avait que provisoirement abandonnés pour former ce que les géographes nomment les rias et les bretons les abers: de profondes entailles à l'estuaire des rivières, par lesquelles la mer remonte vers l'intérieur des terres. Parallèlement l'érosion continue, délite les roches tendres, met à jour le socle dur et reconstitue ainsi les alignements hercyniens. Sous un climat océanique régulier, qui serait fort doux si les vents, noroît et suroît, ne battaient les côtes, le décor est en place pour que chaque fragment de la mosaïque bretonne, aride ou fertile, protégé ou exposé, isolé ou bien ouvert aux influences des voisins, prenne sa personnalité propre. Le pays s'articule autour de deux lignes de relief qui longent les côtes à une distance d'environ 25 kilomètres. Au nord, les monts d'Arrée, les landes du Méné et les collines de Normandie qui font partie, elles aussi, du Massif armoricain. Au sud, la Montagne Noire, les landes de Lanvaux, le sillon de Bretagne et, au sud

de la Loire, la Gâtine vendéenne, enferment le bassin de Châteaulin, le plateau de Rohan et le bassin de Rennes. Entre ces bandes de relief et la mer alternent plateaux et plaines plus ou moins marécageuses: au nord le Léon, le Trégor, le Penthièvre, le Marais de Dol; au sud la Cornouaille, le Vannetais, la Brière et le Marais breton. Mais plus sommairement, et bien plus poétiquement, c'est en deux parties que l'on a coutume de diviser la Bretagne; l'une est l'Arvor ou Armor, le pays de la mer, et l'autre l'Argoat, ou pays des bois. L'Arvor, c'est la beauté tour à tour grave ou rieuse, l'alternance des landes rêveuses avec des villages fleuris d'hortensias, aux façades de granit gris-bleu; des côtes chaotiques, ravagées par les vents et les embruns, d'une bouleversante solitude, où le mysticisme court à fleur de roc — la pointe du Raz ou la baie des Trépassés — et des clairières de sable blond n'attendant que les enfants en vacances. Sans arrêt l'on passe de paysages d'une grandeur si sauvage qu'ils faisaient dire à Renan: «l'homme n'est pas fait pour vivre là», à des îlots de douceur d'une grâce presque méditerranéenne, où fleurissent les mimosas. La mer est rude, tourmentée de courants, creusée de hautes vagues, semée d'écueils, et la côte déchiquetée. Pourtant, entre ses caps et ses pointes granitiques existaient des schistes qui, se délitant, ont donné naissance à des baies. Chacune, ou presque, abrite un port de pêche. La mer fut ici à la fois l'ennemie et la mère nourricière, à l'origine des premières industries régionales — conserveries et chantiers navals. Elle a aussi fourni les engrais — les goémons — qui ont permis de fertiliser la terre. Ainsi s'est constituée, la douceur du climat aidant, ce que l'on appelle la Ceinture dorée de l'Arvor, région riche où, du Marais de Dol à la Cornouaille, en passant par les pays de Saint-Malo et de Saint-Brieuc, le Trégorrois, les régions de Roscoff et de Plougastel, le pays de Quimper, on récolte en abondance les primeurs — lesquels sont à l'origine d'une importante industrie agro-alimentaire. L'Argoat, le pays des bois, étend, lui, entre Rennes et la Manche, son long vallonnement de forêts, de rivières, de chemins creux, de landes tantôt éclatantes de l'or des genêts et des ajoncs, tantôt fardées du mauve subtil et fragile des bruyères en fleur. On peut s'y perdre sous les somptueuses futaies de la forêt de Paimpont, en quête du Graal et de sa légende. Paimpont, c'est la Brocéliande du roman de la Table ronde, la patrie de l'enchanteur Merlin. Plus objectifs que poètes, les géographes et les économistes distinguent deux parties dans ce pays des bois. La basse Bretagne, à l'ouest, assez pauvre, rebelle au remembrement, divisée en menues parcelles, où l'on ne trouve que de petites exploitations, des villages éparpillés en hameaux, mais où les traditions, et notamment l'usage de la langue bretonne, demeurent vivaces; à l'ouest, la haute Bretagne, plus riche, avec des parcelles plus importantes, des exploitations de plus grande envergure et une industrialisation favorisée par la proximité du Bassin parisien.

Encore breton — du moins est-ce la paternité qu'il revendique — est le pays Nantais, qui s'enchaîne au Morbihan. Mais lui doit tout à un fleuve, la Loire. Sa vallée, qui s'était rétrécie en entrant dans le Massif armoricain, s'élargit là en un vaste estuaire. Sur une rive, c'est la mélancolie douce de la Brière, noyée dans ses marais, d'où l'on extrayait autrefois de la tourbe, tout en faisant paître les troupeaux. On y circule encore sur des chalands à fond plat. Elle est devenue un parc régional de 47 000 hectares, dont 7 000 constitués uniquement de marais. Sur l'autre s'étend le plateau de Retz, troué par le lac de Grandlieu. Entre les deux, une plaine riche où poussent primeurs et vignes de muscadet. Sur la côte, de longues plages superbes: La Baule, Le Croisic, et le miroitement irisé des marais salants de Guérande qui, au temps où le sel valait de l'or, jouèrent un rôle économique important. La mer fit la fortune de Nantes, capitale régionale, centre industriel qui fut, au XVIIIe siècle, le premier port français en relation avec les Antilles. Cette vieille cité d'armateurs doit son aspect actuel aux négriers pour lesquels furent bâtis, aux XVIIe et XVIIIe siècles, de splendides hôtels. Aujourd'hui, son port, quelque peu ensablé, à 47 kilomètres de la mer, est moins accessible. Aussi l'a-t-on jumelé avec Saint-Nazaire, cité industrielle qui lui sert de poumon sur la mer.

Au sud de la Loire, en Vendée, s'achève le Massif armoricain. D'abord un bocage bordé par les Mauges et la Gâtine que l'on est parvenu à fertiliser grâce aux amendements calcaires et aux engrais, puis une plaine formée de calcaires jurassiques, pays découvert de cultures et d'élevage, qui fait la transition avec le Poitou, dont, autrefois, la Vendée dépendait. Ici l'Atlantique n'enlève pas mais ajoute: la côte s'ensable, elle s'est ourlée de dunes, tandis que les golfes se transformaient en marais. Qu'à cela ne tienne: de ces marais, l'ingéniosité humaine a fait des polders. Ainsi en est-il du Marais breton et du Marais poitevin, au charme indéniable. Les villages, délicieux, y sont juchés sur des îlots calcaires, et, comme

à Venise, les canaux y servent de chemins. Quant à la côte, si elle était peu favorable à la pêche et à l'activité portuaire, son sable, ses dunes, son climat tonique la vouaient d'évidence au plaisir estival. C'est chose faite. Mais même au plus fort de la saison, on y jouit encore de calme et d'espace. Ce n'est pas là son moindre attrait.

Changement de terre, changement d'ère, changement de mœurs et de paysages, le Bassin aquitain prend la succession et court, d'une seule foulée, sur 350 kilomètres de long, du seuil du Poitou aux Bas-Pays pyrénéens. Son sol est constitué par des calcaires du secondaire en grande partie recouverts par des sédiments du tertiaire et, au sud, des débris provenant des Pyrénées. Les régions qui bordent l'Océan ont pour nom Charentes, Aquitaine, Landes. Plus joliment, le tourisme en a fait la Côte de Lumière, la Côte de Beauté et la Côte d'Argent. Tout au long de la Côte de Lumière, l'air est doux et la lumière rieuse. La Rochelle, ville dynamique et plaisant séjour, fait la belle avec ses rues à arcades et ses tours médiévales. Juste en face, deux îles ont leurs fervents: Ré, aux grandes plages sablonneuses, et Oléron, la plus grande île des côtes de France, aux séduisantes dunes boisées. Les Charentes vivent d'élevage — un beurre de grand cru —, de cultures céréalières, de pêche, d'industries maritimes et de vigne. Leur pineau a bien des adeptes! La Côte de Beauté court ensuite jusqu'à l'estuaire de la Gironde. 70 kilomètres couverts de pins et de chênes-verts, un climat très doux, presque méditerranéen, quelques belles cités. Royan donne un exemple de bon urbanisme moderne, clair, aéré, humain. Il a été entièrement reconstruit après avoir été détruit par des bombardements, à la fin de la dernière guerre. Tout autour, une série de petites plages font alterner les séductions d'une mer parfois très violente avec des grèves très sûres, cernées de forêts. Un estuaire profond coupe soudain la continuité des sables. La Garonne retrouve la mer qui remonte jusqu'à 100 kilomètres à l'intérieur de terres d'une extrême fertilité. Bordeaux, ville opulente, s'est installé là, et maintient haut son rang de capitale de l'Aquitaine. Tout autour s'élèvent plus de mille cinq cents châteaux, éclatants témoignages d'une longue prospérité. Ils dominent les plus célèbres des vignobles: Château Larose, Château Lafite, Château Latour, Château Margot, Saint-Estèphe ou Saint-Émilion. De l'autre côté de l'estuaire, ce sont enfin les Landes, la Côte d'Argent. Arcachon, avec son bassin très calme et ses parcs à huîtres renommés, en est le pôle touristique.

Vers Pilat-Plage, des villas très luxueuses s'éparpillent au pied de la plus haute dune d'Europe: 110 mètres. Puis, de la pointe du Grave à l'Adour, enfant des Pyrénées, ce ne sont plus que grèves, dunes, étangs, moutonnement infini du sable, de la forêt, du ciel et de l'eau. Les amateurs de vagues vives et de longues houles se retrouvent à Hossegor, à Capbreton. L'océan, sur ces plages, déferle en un rouleau nerveux, propice aux joies du surf mais inquiétant pour les piètres nageurs. Jusqu'au XIXᵉ siècle, la longue plaine qu'il berce n'était que sables stériles provenant des Pyrénées, déposés sur une roche imperméable de sorte qu'ils se gorgeaient d'eau. Pour échapper aux marécages, on y circulait sur des échasses. Rien n'y poussait. On y mourait des fièvres. Quelques pins, pourtant, s'agrippaient sur la bordure côtière. Au XIXᵉ siècle, on s'avisa que ces arbres maigres retenaient les dunes. On imagina que le même système de plantation pourrait convenir à l'intérieur. Drainage, reboisement: les forêts de pins, qui firent longtemps la richesse des Landes, ont changé le climat, l'économie et le mode de vie de la région.

Au bout des Landes, l'altitude reprend ses droits. Les Pyrénées sont là, barrière dressée entre la France et l'Espagne. De l'Atlantique à la Méditerranée, elles courent sur 435 kilomètres, en vagues sauvages et splendides. Dès le début de l'ère tertiaire, un premier soulèvement les a formées. Les terrains primaires ont réapparu au centre et à l'est, de 1 600 à 2 000 mètres. On les appelle les «plaas». En même temps, les terrains sédimentaires ont été pressés en plis serrés. A la fin de l'ère tertiaire, la naissance des Alpes entraîna l'effondrement de toute une partie du massif. Il devint le Languedoc, côté terre, le golfe du Lion, côté mer. L'érosion, ensuite, a joué. Mais les Pyrénées étant moins élevées que les Alpes, l'effet des glaciers y a été beaucoup moins important et limité surtout à la partie centrale. Par conséquent, pas de découpage en massifs, comme dans les Alpes, ni de sillon longitudinal. La muraille est d'autant plus hermétique que les vallées perpendiculaires, si elles permettent de pénétrer à l'intérieur, deviennent rapidement étroites et aboutissent à de hauts sommets ou des cols élevés. L'Aneto, point culminant en territoire espagnol, atteint 3 404 mètres. Le Vignemale, côté français, dresse sa cime à 3 298 mètres. Et pour passer les cols, il faut avoir du souffle: Venasque est à 2 417 mètres, Puymorens à 1 931 mètres, le Pourtalet à 1 792 mètres, et le Somport à 1 632. Dans le sens nord-sud, la circulation est extrêmement difficile.

Du Somport au col de Puymorens, dans les Pyrénées centrales, aucune route carrossable; quant à celle du col d'Envalira (2 407 mètres), en Andorre, elle est très dure. Seuls les cols du Perthus (290 mètres) et de Roncevaux offrent un peu plus de facilités. Les voies ferrées Paris-Bordeaux-Madrid et Paris-Barcelone ont dû contourner le massif, par Hendaye et Cerbère. Le tunnel du Somport ne date que de 1928 et celui de Puymorens de 1929. Dans le sens est-ouest, si l'on circule relativement facilement dans les vallées du Salat et de l'Ariège, il faut franchir quatre cols élevés pour aller d'Eaux-Bonnes, sur le gave d'Oloron, à Luchon. L'Aubisque est à 1 704 mètres, le Tourmalet à plus de 2 000, l'Aspin à près de 1 500 et Peyresourde à 1 563 mètres. On préfère donc, l'hiver surtout, passer par les plaines (Oloron, Pau, Lourdes, Tarbes et Lannemezan). Une telle difficulté de communication explique bien la spécificité des Pyrénées, leur repliement sur elles-mêmes, leur imperméabilité aux influences extérieures. On y vit entre soi, chaque petit pays montagneux préférant de très loin les relations avec la plaine qu'il surplombe aux contacts avec ses voisins. Il en était ainsi au Moyen Age, quand la montagne se divisait en minuscules états féodaux qui comprenaient une partie montagneuse, avec des pâturages, et une partie basse dans les vallées propres aux cultures, où se fixèrent les capitales. Rien n'a vraiment changé. La vie intellectuelle et économique pyrénéenne s'oriente vers trois pôles régionaux: Toulouse, Bordeaux et Montpellier. Paris l'a longtemps ignorée et elle le lui a bien rendu.

Encore faut-il établir certaines distinctions entre l'Ouest, le Centre et l'Est. Les Pyrénées occidentales, où voisinent Béarn et Pays basque, sont les moins hautes et les mieux arrosées. De bons pays fertiles, à l'agriculture et l'industrie très développées. Une vie maritime dynamique avec les ports de Bayonne et de Saint-Jean-de-Luz. Et une vie touristique qui connaît depuis des lustres, à Hendaye, Guétary, Biarritz surtout, des étés florissants. Pourtant, on y vit dans un monde relativement clos. Avant d'être français, les Béarnais sont gascons et les Basques... basques, avec leurs coutumes, leur manière d'être, leur langue dont l'origine n'a jamais été identifiée par les linguistes. Crânement basculé sur l'oreille, leur béret est un symbole. Rien, et surtout pas les grandes routes du monde, n'effraie ou ne dévisse ce béret-là. Au centre, du col de Puymorens au Somport, se dressent les Hautes Pyrénées qui exhibent les pics les plus orgueilleux. Les plus hautes, côté Garonne, sont aussi les plus riches. Le Vignemale, le pic du Midi d'Ossau (2 877 mètres) y lancent sous le bleu souvent pur du ciel leurs sommets éternellement enneigés. Les vallées sont profondes, les gaves dévalent, des centrales hydro-électriques ont pu s'installer, et si la vie rurale est restée traditionnelle — élevages de bovins et d'ovins dans les hautes vallées et sur les hauts pâturages, blé, maïs, et même vigne dans les creux — l'électricité, le thermalisme et le tourisme ont enrayé le dépeuplement. Plus au sud, les Pyrénées ariégeoises, encore très élevées, sont moins favorisées. Leur chaîne axiale, souvent granitique, qui dépasse parfois 3 000 mètres, est précédée, au nord, par les vallées glaciaires du pays de Foix et du Couserans. Les ressources y sont médiocres, les industries artisanales en perdition. Les vallées d'Andorre vivent de quelques cultures, de tourisme et de leur position privilégiée de zone franche entre la France et l'Espagne. Depuis toujours, la vie est rude dans les Pyrénées ariégeoises. C'est peut-être la raison pour laquelle les habitants ont tendance à lever les yeux vers le ciel. Le catharisme, religion de pureté et d'absolu, eut ici l'un de ses plus tenaces bastions. Des vestiges bouleversants en témoignent, comme ces ruines de Montségur, la mystique citadelle du vertige.

Au sud de la chaîne, enfin, les Pyrénées orientales partent du col de Puymorens et rejoignent la Méditerranée. Elles sont élevées, sèches, pauvres et grandioses. Là sont les massifs du Carlitte et du Canigou, prolongés par les Albères et, au nord, les Corbières. Entre ces chaînes, de petits bassins d'effondrement qui ont nom Vallespir, haute vallée du Tech, de la Têt, de l'Aude, Conflent, Fenouillet, Capcir. Roc, garrigues, beauté sèche d'épure : ces Pyrénées-là élèvent l'âme, mais n'offrent rien qui puisse rassasier les corps. Chaque champ semé de blé ou planté de vignes y est un champ de bataille contre la sécheresse et le vent. Les hommes gagnent à force de labeur, d'obstination. S'ils n'ont pas la même homogénéité ethnique que les Basques, ils leur ressemblent par bien des points : rugueux mais fraternels, passionnés jusqu'à l'explosion, en proie à de longues mélancolies traversées d'éclairs de gaieté ardente. Mais contrairement aux Basques, si prompts à entendre l'appel de l'ailleurs, eux s'efforcent de rester au pays, comme soumis à une fascination qui échappe aux explications rationnelles.

En dévalant des hauteurs vers la mer, à la limite de la frontière espagnole, on passe soudain de l'austérité grave à une folie de couleurs exubérantes, de vergers et de vignes luisants de fécondité sucrée. Entre les ocres de la montagne et le bleu du golfe de Gascogne, le Roussillon offre la divine surprise d'une terre heureuse. Des peintres comme Matisse, Derain, Dufy, Juan Gris devinrent, au début du siècle, amoureux fous de Collioure où les collines sont vertes et rouges, le ciel et la mer violets à force de bleu. Perpignan, capitale de la Catalogne française, a des airs de cité africaine. Banyuls, Rivesaltes sont aussi douces que leur vin de muscat. Et, un peu partout, d'humbles et merveilleuses églises à la monacale simplicité, des abbayes d'une infinie sérénité jalonnent le chemin ensoleillé de l'art roman si spécifique de la Catalogne.

De là, pour rejoindre la Provence, il n'y a qu'à suivre la mer par le bas Languedoc. Des vignes à l'infini, mer verte longeant la mer bleue. Des étangs. Du sable. La bande littorale était déserte. Depuis quelques années, des stations balnéaires comme La Grande-Motte ou Port-Barcarès y sont nées, offrant un urbanisme estival qui a ses partisans et ses détracteurs. Après Sète et Montpellier, on passe du parler rocailleux des gens du pays d'Oc à celui, chantant, de l'est du Rhône. Mais c'est toujours le même ciel, le même soleil, la même lumière rose sur les tuiles des toits.

Pour boucler la boucle, il ne reste plus alors qu'à remonter, par le centre de l'Hexagone, vers Paris, son vieux cœur battant. Et tout de suite un diplodocus assoupi est là, immense, tendant ses bras dans toutes les directions : le Massif central, le bien nommé. Vers le Midi méditerranéen, il étire les Cévennes, montagne granitique striée de torrents fous, où quelques départements, comme la Lozère, le Gard dans sa partie haute, sont parmi les plus pauvres et les plus beaux de France. Le tourisme s'y développe, notamment autour du parc national des Cévennes, qui inclut le mont Lozère et le massif de l'Aigoual. Du côté du Languedoc et de l'Aquitaine, il étend les Causses, alternance de plateaux jurassiques fissurés, aussi secs que les garrigues méditerranéennes, et de vallées verdoyantes. Quercy, Dordogne, Périgord ; la plus raffinée des gastronomies, la plus belle des architectures régionales et les plus vieux souvenirs : Cro-Magnon, Les Eyzies, Lascaux, la grotte peinte quinze millénaires avant notre ère, sont encore partie intégrante du Massif central méridional. Il met aussi Carcassonne et sa vieille cité à l'ombre de sa Montagne Noire et pousse le Rouergue vers Toulouse, la ville rose. A la région de Lyon, il offre le Beaujolais et ses vignes, les riches pentes des monts du Lyonnais et la dépression de Saint-Étienne, vouée aux industries. Vers l'ouest, avec le Limousin, il surplombe le seuil du Poitou. Au nord, il abaisse doucement les plateaux du Bourbonnais vers le Nivernais et le Berry, qui appartient déjà au sud du Bassin parisien. C'est en son centre qu'il a la personnalité la plus forte: l'Aubrac, l'Auvergne, la Margeride, le Gévaudan, le Velay offrent des lacs, des forêts ténébreuses, des viaducs, des bourgs-nids d'aigle, des volcans aux têtes chenues et aux pentes herbues qui, du tertiaire au quaternaire, jouèrent les dragons, des vallées courbes et profondes, des abbayes romanes de lave noire et de pierre grise. L'Auvergne a l'échine taurine. Tantôt ronde, tantôt tranchante, elle est âpre et nuageuse, rocailleuse et grasse, noire, verte et bleue. Au cœur du massif, les villages s'accrochent, tenaces, aux falaises rugueuses. Les puys et les plombs — ce sont les noms des reliefs — unissent leurs coulées pétrifiées. Éteintes à jamais, les gerbes de feu ont strié les sommets des volcans de rides colossales. Dans les cratères exactement découpés dévalent parfois des prés et des arbres, parfois y miroitent des lacs d'une limpidité de cristal. Lorsque les fourneaux rugissants ont cessé de cracher leurs flammes, l'homme a pris racine. Mais le pays des puys n'a jamais quitté son vêtement préhistorique: toute odeur de soufre dissipée, ce corps aux courbes lourdes est toujours d'une puissance forcenée. Des petits bassins sont relativement prospères: celui du Puy où un ancien lac tertiaire a été comblé par des calcaires, des marnes, des coulées volcaniques dont la décomposition a donné des terrains fertiles, et la Limagne, plaine d'effondrement comblée par des terrains sédimentaires. Mais ce sont des exceptions: la région fut continuellement pauvre et le demeure, malgré les élevages bovins du Cantal, le tourisme et le thermalisme, heureuse et lointaine conséquence de la présence des volcans. Jadis, les hommes y vivaient repliés sur eux-mêmes, dans leurs fermes trapues. Au XIXe siècle, ils prirent l'habitude, à la mauvaise saison, d'émigrer vers les villes. Ils furent ramoneurs, chaudronniers, ferblantiers, colporteurs. L'émigration saisonnière déborda bientôt l'hiver. Immense est aujourd'hui le nombre des Auvergnats exilés, mais la plupart reviennent, à bout de vie, vieillir où ils sont nés.

Véritable château d'eau de la France, le Massif central envoie ses eaux à la Garonne, à la Dordogne, au Rhône, aux fleuves côtiers méditerranéens comme l'Hérault et même, par l'Yonne, à la Seine. Mais, au mont Gerbier-de-Jonc, il enfante aussi la Loire et ses affluents: l'Allier, le Cher, la Vienne grossie de la Creuse.

La Loire n'est d'abord qu'un torrent qui s'enfonce dans les terrains cristallins de la vieille montagne ou se calme dans les bassins du Velay, du Forez ou de Roanne. Puis, dans la courbe qu'elle dessine vers le sud du Bassin parisien avant de s'en aller doucement vers l'Atlantique, elle s'étale, batifole, s'ensable, se fait toute douce et riante. Ainsi, en la suivant de sa source à sa grande boucle, passe-t-on des paysages vifs et rudes du Massif central à la tendresse blonde du val de Loire, vrai centre de la France. «Une robe de bure frangée d'or», disait Michelet. On ne pouvait mieux définir les pays de la Loire moyenne: Touraine, Anjou, Orléanais, Maine, Blésois. Berceau de la plus pure langue d'oïl, le val de Loire fut le lieu du pouvoir politique au XVIe siècle et, de 1450 à 1850, l'Histoire n'a laissé ici que des monuments de splendeur. A l'exception de quelques plateaux siliceux rébarbatifs, le sol a été enrichi par les sédiments secondaires et tertiaires et par les alluvions qu'apportent les cours d'eau. Le climat est doux. Tout pousse: légumes, céréales, fruits, fleurs, et la vigne qui donne les excellents vins de Vouvray, de Bourgueil, de Chinon, de Saumur. C'est ici, au long des rives-aquarelles du plus féminin des fleuves et de ses affluents, le jardin de la France. Voici ses roses et voici ses châteaux: Angers, Chenonceaux, Villandry, Chambord, Cheverny, Menars, Ainay-le-Vieil, Azay-le-Rideau, Blois... La photographie aérienne leur donne une dimension nouvelle. A hauteur d'homme, on ne voit que leur façade, leurs détails, un fragment après l'autre. Vus d'avions, les monuments — églises, abbayes, cathédrales, châteaux et palais — révèlent exactement leur plan, l'harmonie de leurs volumes et de leurs lignes, la complexité ou la simplicité de leur agencement, la manière dont ils s'inscrivent dans un paysage naturel ou dans un parc dessiné pour leur servir d'écrin, enfin le type de rapports qu'ils eurent avec l'environnement humain, tantôt hauts lieux protecteurs d'une cité, tantôt isolés, îlots de méditation spirituelle ou de plaisirs temporels à l'écart des foules. Certains ont une construction qui les apparente, directement, aux rapports mathématiques: on y retrouve la divine proportion du nombre d'or, le jeu subtil de la pure géométrie et de la perspective; on les sent nés d'un seul jet du cerveau du bâtisseur. D'autres racontent leur vie par bâtiments successivement accolés au cours des siècles, à l'exemple des couches géologiques racontant la genèse du sol; ils gagnent en charme ce qu'ils perdent en rigueur. Nulle part mieux qu'au-dessus des châteaux et des vieilles cités du val de Loire n'apparaît cette leçon d'architecture qui fait la synthèse, dans l'espace, de l'élévation et du plan. Et peut-être trouve-t-elle son point culminant aux limites de cette région, lorsque, au-dessus des blés de la plaine de la Beauce, la cathédrale de Chartres jaillit, comme le disait Péguy, «d'un seul emportement, et d'une seule source, et d'un seul fondement».

Passé cette borne, on touche au centre du Bassin parisien, la plus vaste région naturelle française, qui couvre le quart du territoire. Beauce, Brie, Ile-de-France, une ceinture de terres fécondes sous des nuages légers, des verdeurs profondes de forêts, des miroitements de rivières, et régnant sur tout cela, Paris, qui pousse ses banlieues dans tous les sens et de plus en plus loin. Le survoler, c'est lire son histoire. Chaque quartier correspond à une époque, à un mode de vie, des circonstances sociales ou politiques particulières. La Seine est sa mère: c'est dans l'île de la Cité, entre deux bras du fleuve, que se nicha d'abord Lutèce. Par cette voie d'eau, on communiquait déjà avec l'Oise ou la Marne, facilement navigables. Les deux grandes routes nord-sud, de la mer du Nord à la Méditerranée et de la Flandre à l'Espagne, se croisaient là. Les plateaux et les vallées fertiles des alentours assuraient le ravitaillement. On trouvait sur place bois, pierre à bâtir, meulière, gypse: tout ce qu'il fallait pour construire. Enfin deux collines, Montmartre et la montagne Sainte-Geneviève, servaient de poste de guet. Un emplacement idéal. Des débuts prometteurs que l'entassement des vieux toits, le dessin tortueux des ruelles du plus ancien quartier de Paris évoquent encore. C'est aussi l'île-œuf, la matrice d'où la capitale va émerger, dans un premier mouvement de spirale caractéristique des urbanismes spontanés, menés sans autre règle que l'instinct. La ville déborde d'abord sur la rive gauche et la montagne Sainte-Geneviève. Les Romains s'y installeront, semant, avec leurs monuments, les germes de leur conception de la cité: Arènes (de Lutèce), Thermes, à Cluny. Vers 276, pour se protéger des invasions barbares, un premier rempart est érigé, dit rempart gallo-romain. Quand le calme est revenu, l'extension reprend. Les marais de la rive droite, asséchés, sont à leur tour habités. Dès lors la ville, phénomène unique dans les annales des cités nées d'un fleuve, se développe systématiquement des deux côtés de la Seine. Au Moyen Age, de roi en roi, la Cité n'est qu'un perpétuel chantier de construction où s'élèvent, d'un même élan, Notre-Dame, le Palais royal (le Palais de Justice) et la Sainte-Chapelle. Puis le pouvoir change de rive. Il s'installe sur la rive droite. Rive gauche, restent les étudiants, les artisans, les truands, les charlatans, les bohémiens. Rive droite, il y aura le beau monde. Pour passer d'une vision à l'autre, il suffit de franchir le fleuve. D'un côté c'est encore le labyrinthe, le grouillement des ruelles enchevêtrées. De l'autre, les grands espaces vides, les bâtiments solitaires et trapus, les longues trouées rectilignes qui coupent droit dans la chair de la ville naissante: rue Saint-Antoine, rue de Rivoli, Louvre, Tuileries, Champs-Élysées — déjà, une flèche traverse Paris. Elle achèvera sa course six cents ans plus tard au Rond-Point de la Défense. Plus de cathédrales, mais, rive droite, dans le sillage de la royauté, des hôtels, des châteaux, des folies qui gagnent peu à peu le Marais, ancien domaine des maraîchers. Jusqu'au XVIIe siècle, les bâtiments iront croissant et embellissant. La place Vendôme, la place des Victoires, la place des Vosges, alors Place royale, aux admirables proportions, aux splendides édifices, donnent la mesure de la magnificence de ce temps-là, du talent de ses architectes. Au XVIIIe siècle, Louis XIV s'en va à Versailles. La haute société ne le suit pas, repasse la Seine et s'isole de la foule dans le faubourg Saint-Germain: des hôtels et des parcs sagement distribués entre des rues bien droites. Au XIXe siècle, pour des raisons politiques et d'urbanisme, Haussmann ouvre les grands boulevards. A l'ouest naissent de nouveaux quartiers résidentiels, autour du parc Monceau, du bois de Boulogne, tandis qu'un petit peuple de plus en plus grossi par les immigrations paysannes s'entasse comme il peut dans le centre et les faubourgs. Viennent alors les grandes constructions du début du XXe siècle — les gares, les palais d'exposition — jusqu'aux plus récentes créations contemporaines, qui ont pour nom centre Georges-Pompidou, Forum des Halles, parc de La Villette... Une succession de symboles dont, à les voir du ciel, on perçoit mieux la valeur.

Pour Paris comme pour le reste de la France, c'est en prenant de la hauteur que l'on peut, le mieux, saisir la profondeur.

Du rose, de l'ocre et de l'or mêlés, deux images de la Provence
la plus douce et deux hommages au cercle, la forme
primordiale qui dicta leur tracé aux premières cités construites
par les hommes.
Au flanc des Alpes-Maritimes, Vence *(ci-contre)*, petite ville
de haute Provence, paisiblement enroulée sur elle-même,
s'offre au bon soleil. A ses pieds s'agite la Côte d'Azur, Cagnes,
Cannes, Antibes et leur mouvement perpétuel.
Mais au fur et à mesure que l'on grimpe vers Vence par la route
en lacet, leur rumeur s'apaise, il n'y a plus que le chant
des cigales et le bourdonnement des abeilles pour trouer
le silence bleu. Des fortifications entourèrent, au Moyen Age,
cet exemple typique des villages provençaux haut
perchés, à l'abri des débarquements inopinés des razzieurs
de la mer. Il en reste quelques vestiges, à l'intérieur
desquels la farandole des maisons s'élance en une spirale de toits
serrés. La cloche de la cathédrale romane, dont la partie
la plus ancienne remonte au début du XIe siècle, y sonne le calme
des heures. Cité autrefois oubliée, Vence a connu,
en ce siècle, la célébrité. Des artistes l'ont aimée, y ont vécu
et laissé leur trace. On doit à Rouault quelques vitraux
de la cathédrale, à Matisse le décor de la chapelle du Rosaire,
Picasso et Miró y ont travaillé la céramique dans les ateliers
de poterie qui continuent de constituer avec le tissage
et le tourisme l'essentiel des ressources économiques locales.
A l'autre bout de la Provence, dans les Bouches-du-Rhône,
entre Alpilles et Camargue, Arles *(ci-dessus)* est la belle
ville blonde où nos enfants ne disent pas nos ancêtres
les Gaulois mais nos ancêtres les Romains.

Et ils n'ont que l'embarras du choix pour prouver la véracité
de cette affirmation : le théâtre, l'amphithéâtre, les thermes,
les ruines du viaduc de Barbegal font partie des plus
beaux vestiges du monde antique. Et ce ne sont pas là les seuls
trésors dont les Arlésiens aiment s'enorgueillir.
Au jardin des Alyscamps, qui fut païen puis chrétien, ils peuvent
dialoguer avec l'image la plus sereine de la mort.
L'église Saint-Trophime, ancienne cathédrale, leur offre un des
plus merveilleux exemples de l'art roman provençal.
Et sur les bords du Rhône, de belles vieilles demeures,
comme le grand prieuré de Malte, qui abrite aujourd'hui
le musée Réattu, prouvent que l'opulence arlésienne ne s'éteignit
pas avec l'Empire. Arles, pourtant, est tout le contraire
d'une ville-musée. Pour s'en convaincre, il n'est que d'y aller,
le samedi matin, au marché, sur le boulevard des Lices,
ou de se mêler à la foule qui, de Pâques aux vendanges,
rend vie aux arènes où la corrida a remplacé les jeux du cirque.
Arles est peut-être enfin, aujourd'hui, l'une des villes
les plus photographiées du monde : chaque été, en juillet,
s'y tiennent les célèbres Rencontres internationales
de la photographie auxquelles elle sert de terrain de travaux
pratiques : n'a-t-elle pas tout pour être photogénique ?
Comment survivre dans un chaos de roc, quand la terre est
aride, la montagne abrupte, le vent brûlant et le soleil inexorable ?
Entrevaux *(ci-contre)*, dans la haute vallée du Var, donne
la réponse : on s'accroche, on s'arc-boute, on s'obstine
et on se protège. Sur la gorge, on jette un pont.
On profite d'un plateau minuscule pour y étager les maisons
qui s'épaulent l'une l'autre, comme pour mieux se défendre
mutuellement. Le château, agrippé à un piton, veillera
sur la ville à laquelle il sera relié par un système fortifié.
La cité elle-même s'entoure d'une enceinte triangulaire, percée
de trois portes à pont-levis, dont la plus hermétique
commande l'entrée du pont sur le Var. La cathédrale au
clocher-tour crénelé est incluse dans les remparts. L'ensemble.
qui s'est constitué du XVIe au XVIIIe siècle, porte l'empreinte
de Vauban. Il est encore intact aujourd'hui, massif,
sévère, rudement guerrier sous ce ciel paisiblement bleu.
Mais l'homme ne vit pas de pierres : il lui fallait aussi se nourrir.
Sur les pentes, il a aménagé des terrasses qui sont devenues
autant d'oasis de fertilité durement conquises.
Dans un élargissement de la vallée, les cultures se sont glissées,
et il n'est jusqu'aux graviers du lit du Var qui ne soient exploités.
Tout autour c'est la rocaille, l'air qui sent la pierre chauffée
à blanc et la lavande sauvage, ce paysage des basses Alpes
si bien décrit par Jean Giono. On arpente ses durs
chemins montants, ébloui, en rêvant parfois, comme le caravanier
dans le désert nourri des songes de palmeraies,
à quelque place de village où, sous les platanes,
une fontaine chantera.

L'un n'est que cassure brutale dans la falaise abrupte, rupture, violence, défense. L'autre s'offre paisiblement au soleil entre des champs sages et des vergers sucrés. Peut-on parler d'une seule Provence quand ces deux paysages en font partie?

A gauche, Sisteron, dans les basses Alpes, pas bien loin de Forcalquier: Provence maigre et caillouteuse dont il faut longtemps chercher le cœur tendre sous l'écorce rugueuse. *Ci-dessous*, Grignan, dans le Tricastin, ce fragment de la vallée du Rhône qui, de Valence à Orange, avec ses cyprès et ses oliviers, sert de sas au Midi.

Depuis l'époque romaine, Sisteron est un point stratégique important: une cluse de la Durance y fait communiquer le Dauphiné et la Provence. Très tôt, on en fit donc une place forte propre à arrêter le déferlement des hordes guerrières. Au Moyen Age, un château, succédant probablement à un oppidum romain, y montait la garde. Son dernier vestige, une chapelle gothique, fut détruit en 1940 par un bombardement. Du XVIᵉ au XVIIᵉ siècle, on entreprit de le fortifier avec plus de fiabilité. La citadelle, due à Jean Érard, ingénieur militaire d'Henri IV, semble jaillir du lit de la Durance. Elle défend le pont qui enjambe la cluse. On y circule par un dédale de ruelles en pente et d'escaliers. Les guerres, autrefois, ont fait là des ravages, notamment celles, fratricides, qui opposèrent catholiques et huguenots, aux temps de l'intolérance religieuse. Aujourd'hui, les combats sont oubliés. En visitant Sisteron, pourtant, les promeneurs baissent un peu le ton comme pour ne pas réveiller les souvenirs.

Au contraire, Grignan ne parle que de paix. Une église romane, une collégiale du XVIᵉ siècle, un bourg en amphithéâtre et le plus avenant des châteaux: un peu gothique, un peu Renaissance, très restauré au XXᵉ siècle et tout entier habité par le fantôme charmant et bavard de l'illustre épistolière qui y séjourna et y mourut: Mme de Sévigné.

Ils n'avaient pas d'ordinateurs pour faire leurs calculs,
pas de bulldozers, pas de grues, pas de poutrelles de fer,
pas de béton: et pourtant, dans la première moitié du premier
siècle de notre ère, les Romains lancèrent, au-dessus
de la vallée du Gardon, ce chef-d'œuvre de hardiesse et d'élégance,
le pont du Gard. Il s'agit en fait du fragment d'un aqueduc
long de quelque 50 kilomètres, qui, par une pente
judicieusement calculée (34 centimètres par kilomètre)
amenait les eaux de source captées dans la région d'Uzès
vers la bonne ville de Nîmes, ses temples, ses thermes,
ses arènes et ses jardins. Le site est magnifique.
L'ouvrage d'art ne l'est pas moins. Le pont mesure 273 mètres
de long et 49 mètres de haut. Trois rangs d'arches superposés
y forment autant de ponts étagés, l'un de 22 mètres,
l'autre de 19 mètres et le troisième de 7,40 mètres de haut.
Les six arches de la base, ancrées dans le lit du fleuve,
ont une portée de 142 mètres. Les 35 arches de la partie
supérieure couvrent, elles, 275 mètres. Les blocs colossaux
sont posés à sec. Certains pèsent 6 tonnes. Ils ont pourtant
été hissés à 40 mètres de haut: quelques-uns, laissés en saillie
à la base, permirent d'y appuyer des échafaudages.
Les piétons circulaient entre les piles de la base. Au sommet
glissait le canal qui pouvait débiter 20 000 mètres cubes d'eau
par jour. Sur ces vieilles pierres, la patine du temps s'est déposée.
L'ouvrage colossal est devenu vision radieuse même
si les légendes locales prétendent que le diable y mit la main.
«L'aspect de ce simple et noble ouvrage me frappa d'autant
plus qu'il est au milieu d'un désert où le silence et la solitude
rendaient l'objet plus frappant et l'admiration
plus vive», écrivait Jean-Jacques Rousseau. Depuis
Jean-Jacques, rien n'a changé.

30

Saint-Tropez, Porquerolles : deux noms évocateurs de soleil et de plaisir de vivre. Séparés par quelques caps ocre et verts et quelques kilomètres d'eau bleue, chacun de ces sites relève pourtant d'une conception radicalement différente des joies estivales : ici la foule, et là le calme obstinément préservé. Saint-Tropez *(à gauche)*, l'ancienne cité corsaire, était, au début de l'ère touristique, un paisible village de pêcheurs. Il sommeillait à l'ombre de sa citadelle, oubliant même cette époque d'un passage plus vigoureux où il fut, grâce à l'action d'un gentilhomme génois, une minuscule république indépendante gouvernée par ses sages. Pendant ce temps, Porquerolles *(ci-dessus)*, la plus grande des îles d'Hyères, rêvait dans l'odeur exquise de ses eucalyptus, entre les déchirures de son abrupte côte nord et les tendres plages de sa côte sud, festonnée de pins, de bruyères et de myrtes. C'est à la fin du XIXᵉ siècle que Saint-Tropez émergea de l'anonymat. Maupassant, le premier, le «découvrit». A sa suite, le peintre Signac, Colette, Cocteau et le célèbre couturier Poiret. A la fin des années 50, ce fut le monde du spectacle, du cinéma, du «Tout-Saint-Germain-des-Prés» qui en fit sa capitale d'été. Saint-Tropez n'était plus un village mais une station à la mode, où la vie nocturne l'emportait sur la vie diurne. Pendant ce temps, Porquerolles continuait de rêver. Délicieusement isolée. Rigoureusement soucieuse de ne pas accueillir plus de résidents qu'elle n'en peut héberger sans perdre sa douce sérénité. Le bonheur de l'été n'est pas de choisir entre ces deux endroits contrastés mais d'aller de l'un à l'autre, au gré de ses humeurs.

Port-Grimaud, dans le Var, au fond du golfe de Saint-Tropez,
n'a pas de passé mais un présent plaisant. Cette Venise
provençale surgit des eaux dans les années 60 lorsque
les promoteurs, constatant qu'il ne restait plus guère de terrains
à construire sur la terre ferme alors que la demande
en résidences croissait, s'attaquèrent au remblaiement de
la bande côtière. Ainsi naquirent les marinas, énergiquement
combattues par les défenseurs de l'environnement,
et à juste titre souvent. A Nice, par exemple, on opta pour
des pyramides de béton qui font de Marina-Baie-des-Anges
l'une des réalisations les plus cossues et les plus contestées
de la Côte d'Azur. A Port-Grimaud, en revanche,
l'architecte François Spoerry a joué à fond le style des villages
méditerranéens, sans abuser du béton et en évitant la rigidité
lourde des grands ensembles : des petites maisons colorées,
à couverture de tuiles romaines, des ruelles,
des placettes ombragées donnent à cette cité lacustre
une aimable couleur locale. Port-Grimaud étant entièrement
voué aux activités nautiques, l'eau, de toutes parts, entoure
les résidences, de telle sorte que les bateaux puissent être
amarrés à proximité. Des ponts permettent d'aller d'un quartier
à l'autre, et, comme les *vaporetti* à Venise, des bateaux assurent
les transports en commun à travers la lagune.
Le port de plaisance est bien équipé. La plage est belle.
Tout est réuni, à Port-Grimaud, pour que les estivants coulent
des jours heureux, bercés par le clapotis des vagues.
Et si l'envie leur en prend, ils n'ont que quelques encablures
à franchir pour plonger dans l'agitation de Saint-Tropez
ou retrouver le passé dans les beaux vieux villages
de l'arrière-pays, sur les pentes du massif des Maures.

« Nouvelle Floride française » : ainsi fut baptisé, dans les années 60, l'ambitieux projet d'aménagement du littoral languedocien. Sur la partie la plus déshéritée de la côte, là où il n'y avait que moustiques, marais et minuscules stations fréquentées par les Arlésiens, les Nîmois ou les Montpelliérains, on mit au travail une pléiade de spécialistes de toutes les disciplines. Il s'agissait d'assainir, de reboiser, d'assurer la protection du littoral, d'étudier les besoins et les désirs des estivants, le comportement des populations locales, afin d'aboutir à un plan d'aménagement harmonieux, et créer de nouvelles stations qui, tout en décongestionnant la Côte d'Azur surpeuplée, donneraient un puissant coup d'accélérateur à l'économie locale. Le projet d'urbanisation fut approuvé en 1964. L'État prenait en charge les grands travaux d'intérêt général qui permettaient la desserte du littoral. Des sociétés mixtes assurèrent le relais, à l'échelon de chaque station, pour assurer les travaux de voirie. Une fois viabilisés, les terrains passèrent aux mains des promoteurs et des architectes. Georges Candilis fut chargé de la direction des plans d'ensemble, et les hommes de l'art furent priés d'éviter la monotonie, de telle sorte qu'aucune station ne ressemble à sa voisine. Ainsi naquirent Port-Camargue, Port-Barcarès, Port-Leucate, le nouveau Gruissan et la Grande-Motte *(ci-contre)*. Voisine de Montpellier, elle s'étend sur une côte plate et sableuse, de Carnon au Grau-du-Roi, au voisinage de l'étang d'Or. Un port de plaisance et un avant-port abritent un millier de bateaux. Des villages de vacances, des hôtels, des terrains de camping, des équipements collectifs de loisirs soulignent la vocation uniquement estivale du lieu. De loin — ou de haut — la station s'identifie facilement grâce à la forme pyramidale de ses constructions qui étagent ainsi les terrasses offertes au soleil. On peut discuter l'adéquation de cette architecture audacieuse au paysage, nourrir la nostalgie des vrais villages languedociens avec leurs maisons ocre, leurs toits roses et leurs volets verts : mais il faut reconnaître que tout, ici, est conçu pour le plaisir de l'estivant, et que le sable s'est fait Eldorado.

Du bout de l'Esterel à la pointe des Alpes méditerranéennes,
la côte d'Antibes et la Riviera furent lancées,
dans la seconde moitié du XIXᵉ siècle,
par de fortunés sujets de la Couronne britannique
en quête de soleil et de douceur de vivre. Elles forment
un indissociable complexe de vie de plaisance. Trois routes
en corniche, superposées — la plus haute fut tracée par Napoléon —
s'y agrippent à flanc de montagne, entre les maisons aux jardins
en terrasse, dans un admirable paysage
que même l'excès de constructions ne parvient pas à enlaidir.
Ainsi va-t-on de Cannes à Nice, de Nice
à Menton en passant par Antibes, Cagnes,

Villefranche-sur-Mer, Beaulieu, Monaco, Monte-Carlo,
Roquebrune-Cap-Martin.
Cannes *(à gauche)*, au bord du golfe de La Napoule, avec
une rade magnifique derrière laquelle se profile l'Esterel, est
abritée des caprices du mistral par un écran de collines.
C'est un Anglais, lord Brougham, qui la mit à la mode en 1850.
Elle comptait alors 5 000 habitants. Ils sont aujourd'hui 60 000.
Les jardins y sont splendides, le front de mer élégant avec
ses résidences de luxe et, sur la Croisette, son palais des Festivals,
rendez-vous annuel du monde du cinéma. Dans son port,
de superbes bateaux de plaisance jettent l'ancre.
Sur les pentes du mont Chevalier, il ne faut pas non plus oublier

le Suquet, le vieux Cannes, qui a moins de prestige mais plus d'accent.

Nice *(en haut)*, un peu plus loin, est la grande ville, la capitale de la Côte d'Azur, la reine de la Riviera. La plage y est bien étroite, et la célèbre Promenade des Anglais — ce sont des résidents britanniques qui en assurèrent la construction au XIXᵉ siècle — bien encombrée. Mais qui aime les palaces les y trouve, au coude à coude. Et on a, là, la plus imprenable des vues sur la baie des Anges. Au-delà des palais du front de mer grimpe la vieille ville aux ruelles pittoresques. Toute une population joyeuse s'y entasse, s'y interpelle dans un verbe et un accent hauts en couleur.

De l'autre côté de la baie, Antibes *(en bas)* fait face à Nice. Glissée entre deux échancrures de la côte, c'est encore, pour l'essentiel, une jolie vieille ville ceinte de remparts. Au bottin mondain, sa cote, depuis quelques années, ne cesse de monter ; la ville a pris, pour les intellectuels, la relève de Saint-Tropez.

Monaco, enfin, sur son rocher, ne craint pas de lancer ses buildings vers le ciel. La principauté comprend en réalité trois villes : Monte-Carlo *(à droite)*, la Condamine où se trouve le port, et sur le rocher, la capitale : Monaco. Au XIIIᵉ siècle, ce fut une forteresse génoise. Grâce à son casino, c'est aujourd'hui la grande citadelle méditerranéenne du jeu.

Une palette de couleurs pastel, ici poudrées, là iridescentes et nacrées : *ci-dessous*, la Camargue, *à droite*, l'étang de Vic, non loin d'Aigues-Mortes. La Camargue est fille du Rhône. La masse des alluvions qu'il apporte a formé, au cours des siècles, cette plaine provençale, à nulle autre pareille : marécages et étangs s'y succèdent, séparés par des levées d'alluvions. Le sol est imprégné de sel. La seule végétation naturelle est constituée de saladelles et de salicornes, vertes au printemps, grises en été, rouges en hiver. Par l'étang de Vaccarès, la plus grande nappe d'eau de Camargue, la mer remonte épisodiquement et menace les terres. Pourtant, depuis le Moyen Age, des hommes s'obstinent à vivre sur les rives des principaux bras du Rhône. Ils y ont d'abord construit des digues qui ont protégé les premières cultures et les pacages des moutons. Au XIXe siècle, de grands travaux ont permis le drainage des terres, l'implantation de cultures céréalières et de vigne. Enfin, pendant la Seconde Guerre mondiale, le riz fut cultivé sur les terres salées. La Camargue se divise aujourd'hui en trois zones : les terres cultivées, en bordure des lits anciens et actuels du Rhône, irriguées d'eau fertilisante pompée dans les bras du fleuve ; les salins, à l'ouest du Petit Rhône et près de Salin-de-Giraud, avec leur quadrillage de bassins d'évaporation et leurs camelles, petites montagnes de sel ; enfin, le sud du delta, où la réserve nationale de Camargue, avec ses 13 500 hectares protégés, est l'escale des canards, sarcelles, hérons pourpres, échasses blanches, aigrettes et flamants roses. Domaine des manades de taureaux et des chevaux « Camargue », c'est un espace solitaire et rêveur, au parfum de paradis perdu.

Page précédente : Aigues-Mortes, ville fortifiée rectangulaire dont Saint Louis fut le promoteur. De là, deux fois, il s'embarqua pour les croisades. Puis le port s'ensabla, Aigues-Mortes s'endormit dans sa blondeur mélancolique. Mais à l'aube, que la lumière y est belle !

À l'écart des foules qui s'agglutinent, de la recherche des plaisirs temporels qui semble souvent être devenue sa maxime, le Midi méditerranéen a gardé des oasis de calme méditatif: ses abbayes. Ici, *à gauche,* dans les îles de Lérins, le monastère de Saint-Honorat, et *ci-dessous,* dans le Var, l'abbaye du Thoronet.

Les îles Sainte-Marguerite et Saint-Honorat constituent l'ensemble de Lérins, face à Cannes, dans le golfe de La Napoule. 1 500 mètres de long, 400 mètres de large, une somptueuse forêt de pins, d'eucalyptus, de cyprès, et la paix infinie des espaces de méditation. En l'an 400, les premiers moines d'Europe occidentale s'installèrent là. En 1073, pour se protéger des incursions des pirates, Aldebert, abbé de Lérins, fit ériger un monastère fortifié dont les murs, sur trois côtés, baignaient dans la mer. Sept chapelles complétaient l'édifice. Deux d'entre elles, la chapelle de la Trinité, antérieure au XIᵉ siècle et d'inspiration byzantine, et la chapelle Saint-Sauveur, au plan octogonal, ont gardé leur physionomie ancienne. Quant au monastère, entre l'époque très lointaine où il régnait sur soixante prieurés et nos jours, il a connu bien des ruines, bien des abandons, bien des remaniements successifs. Aucune péripétie, pourtant, et pas même, aujourd'hui, l'invasion sporadique des touristes amenés par les bateaux d'Antibes, de Cannes ou de Golfe-Juan, n'a profondément altéré ce paysage inspiré. L'abbaye du Thoronet, elle, se tapit au fond d'un vallon, au milieu de collines boisées. Sa simplicité, sa majesté, sa pureté en font une digne fille de l'ordre de Cîteaux, pour lequel la vie spirituelle était la seule qui vaille. Rien de plus rigoureux que cet ensemble avec son église, à l'humble clocher de pierre, achevée vers 1190, et ses bâtiments réguliers, dont la construction fut terminée vers l'an 1200. On peut ici, dans le silence, revivre la vie des premiers moines cisterciens — qui sait, y reprendre souffle en méditant sur les vanités du monde.

Loin du littoral et des ruées saisonnières est une autre Provence
plus intime et plus douce, où l'on vit moins de commerce
que de cultures. En certains lieux, la terre a été prodigue.
Tel est le cas des pentes qui descendent vers le Rhône, lorsque,
entre Valence et Avignon, il prend ses couleurs méditerranéennes.
La vigne y pousse avec bonne volonté *(ci-dessous*, le domaine
du Grand-Retour, producteur de côtes du rhône)
et les exploitations agricoles, d'une architecture déjà
typiquement provençale, y ressemblent à des bateaux ancrés
sur la vague des vignobles. Ailleurs, au contraire, il faut arracher
au sol ce qu'il se refuse à donner spontanément. Ainsi fut fait
sur les pentes du Ventoux qui domine la vallée du Rhône,
le plateau du Vaucluse et le petit massif des Baronnies.
1 909 mètres d'altitude; un vent à décorner tous les diables,
qui lui a valu son nom; de décembre à avril, au-dessus
de 1 400 mètres, un capuchon de neige; et une température
qui peut chuter de 11° entre le moment où l'on est à son pied et
celui où l'on atteint son sommet. Les flancs de la montagne,
déboisés, au début du XIXᵉ siècle, pour alimenter les constructions
navales de Toulon, sont, depuis 1860, en voie de reboisement.
Pins d'Alep, chênes verts, chênes blancs, pins noirs d'Autriche,
pins maritimes, pins à crochets, hêtres, cèdres de l'Atlas,
mélèzes lui ont, jusqu'à 1 600 mètres, reconstitué un somptueux
manteau forestier. En même temps, les cultures s'y développaient,
au long des pentes, et rien n'est plus émouvant, vu d'avion,
que ce travail de fourmi racontant, d'un damier l'autre,
la peine et l'obstination des hommes.

A plus de 3 000 mètres d'altitude, cimes et ciel célèbrent leurs noces. Ce blanc est-il neige ou nuages? Cet azur celui de l'éther pur ou son reflet pris au piège d'un glacier? Au-dessus de la vallée de Chamonix, les fameuses aiguilles de Blaitière et de Charmoz-Grépon se hérissent. Les hommes les croyaient peuplées de démons, les saluaient de loin mais ne s'y aventuraient pas. Puis, en 1786, deux Chamoniards hardis décidèrent d'y aller voir de plus près. Ils s'appelaient Balmat et Paccard. Ils furent les premiers à vaincre le mont Blanc. L'alpinisme était né. Chamonix allait devenir la capitale ou, plutôt, le sanctuaire des amants de l'inviolé, des fous du défi, de ceux qui n'ont qu'une devise: toujours plus haut. Bien sûr, on skie aussi à Chamonix — c'est même à cet égard l'un des plus beaux domaines français, qui présente en outre l'avantage d'offrir des pistes été comme hiver. Mais en vérité, deux mondes s'y côtoient: celui des skieurs et celui des montagnards. Ils se croisent et se saluent sans appartenir tout à fait à la même planète. Cela ne les empêche pas de goûter, en commun, la douceur des refuges. Courchevel *(ci-dessous)* en est un. Avec ses chalets, ses sapins, il a des airs de carte postale de Noël où ne manquerait que le traîneau du vieux bonhomme à houppelande rouge. Du simple village savoyard qu'il était, le voici promu station de ski célèbre, sans avoir perdu de son charme bon enfant pour autant.

Mont-Blanc, cimes en majesté.
De ce splendide déferlement minéral, tout a été dit. Aux mots des
poètes — Shelley, Goethe, Hugo — que pourrait-on
ajouter, si ce n'est l'hommage d'une contemplation silencieuse?
Chaque fragment de la montagne est source d'émerveillement
et d'effroi, d'euphorie et d'humilité. Titanesques furent
les forces qui firent jaillir ces géants du sein de la terre,
et colossal, ensuite, le travail des glaciers qui les remodela
comme pour donner aux hommes qui en entreprendraient
l'ascension des étapes pour reprendre souffle : la reculée
des Planches et le cirque du Fer à Cheval *(à droite)*, non loin
de Samoëns, sont des clairières de calme au milieu du chaos.
Tout près de là, à Sixt Fer à Cheval, s'installa au XIIᵉ siècle
une abbaye. Et contre les parois bossuées du Tenneverge, l'été,
pas moins de trente cascades dévalent, pour le plus spontané
et le plus somptueux des « son et lumière ».
La Plagne *(ci-dessous)*, station de ski récente, attire les amoureux
de descentes dures, de dérive sur les glaciers à pâturages,
les deltaplanistes en infraction aux lois de la pesanteur.
C'est ici le royaume du ski dans tous ses états. Émile Allais,
montagnard et éminent champion, fut l'un des fondateurs
de la station : les possibilités exceptionnelles du site
ne lui avaient pas échappé.

Comme autrefois les pèlerins qui y faisaient étape sur la route
de Saint-Jacques-de-Compostelle, avec les pénitents
et les quémandeurs de miracles, les maisons, en procession sage,
montent la colline inspirée jusqu'au pied de la basilique
Sainte-Madeleine. Entre Bourgogne et Morvan,
Vézelay *(ci-contre)* est l'un des hauts lieux mystiques de l'Europe.
Il n'y eut là, d'abord, au IXe siècle, qu'une paisible abbaye
bénédictine. Mais elle abritait, du moins on le crut,
les reliques de Marie-Madeleine. Qui dit reliques dit miracles,
et qui dit miracles dit foules. Il fallut bientôt agrandir l'église
mérovingienne qui ne pouvait plus contenir les croyants.
On s'y était employé lorsque, en 1120, toute la nef brûla,
ensevelissant plus de mille fidèles. Aussitôt, les travaux reprirent.
Vers le milieu du XIIe siècle, la nef et le narthex étaient
terminés. Au XIIIe siècle s'y ajoutèrent un chœur et un transept
romano-gothique. Heures de gloire qui durèrent peu.
A la fin du XIIIe siècle, on découvrit à Saint-Maximin,
en Provence, d'autres reliques de Madeleine. Le doute s'insinua
dans les âmes pieuses. Les pèlerins désertèrent Vézelay et,
du même coup, les foires et les marchés qui prospéraient
toujours dans le sillage des grands pèlerinages s'espacèrent.
Pendant les guerres de religion, les huguenots pillèrent
l'église. La révolution de 1789 consomma le désastre :
l'édifice fut en partie rasé. Par chance il y eut, au XIXe siècle,
un fort intelligent inspecteur des Monuments publics, nommé
Prosper Mérimée. Il s'émut de la lamentable dégradation
d'un bâtiment admirable, et en confia la restauration
à Viollet-le-Duc. Travail de fourmi à partir de documents
anciens... L'architecte mit dix-neuf années à relever les ruines
et à reconstituer l'église. D'aucuns jugèrent sévèrement
cette restauration intégrale. Il n'empêche que Vézelay
garde grande allure et a conservé, grâce à Mérimée et
à Viollet-le-Duc, d'authentiques et splendides fragments
de son passé. Si ses murs n'étaient pas debout, revivrait-on aussi
clairement les grandes heures où saint Bernard vint y prêcher
la seconde croisade, Philippe Auguste et Richard Cœur de Lion
prendre la croix, et Saint Louis, par deux fois, s'agenouiller ?
Il faut, pour contempler Vézelay, non pas les yeux de l'esthète,
mais ceux du croyant, ou du poète.

Une forêt de conte, une demeure de légendes,
une harmonie parfaite entre le château, ses communs,
son parc et le site qui l'entoure : Sully, en Saône-et-Loire,
témoigne que la Renaissance n'eut pas seulement lieu
sous les cieux gris-bleu de l'Anjou et de la Touraine. Jean de Saulx
commença la construction au début du XVIe siècle. Son fils,
le maréchal de Tavannes, la poursuivit et l'acheva.
Œuvre et chef-d'œuvre d'élégance. On ne se lasse pas d'admirer
les proportions parfaites des quatre ailes flanquées
de tours d'angle carrées, l'harmonie des larges baies séparées
de pilastres qui ajourent le premier étage de la façade
d'arrivée, le charme de la chapelle nichée entre deux tourelles
en encorbellement et, sur la façade nord, le monumental escalier
qui mène à une terrasse surmontant un plan d'eau.
A la Bourgogne médiévale mystique, qui vécut sous
le rayonnement de l'abbaye de Cluny, succéda, au XVIe siècle,
une Bourgogne humaniste, tournée vers les choses de l'esprit,
pétrie de grâce et de vivacité, tout ouverte au vent léger
de renouveau qui soufflait d'Italie.
Comme ses contemporains et compatriotes, les châteaux
d'Ancy-le-Franc et de Tanlay, le château de Sully, à pierre
ouverte, parle de ce joli temps-là.

Bourgogne : des châteaux, des coteaux, l'opulence calme
des terres riches et la force tranquille de l'enracinement.
Est-il château plus pacifique que celui du Clos de Vougeot
(ci-dessous), si bien assis au milieu de son vignoble ?
Stendhal conte qu'au retour de la campagne d'Italie, un colonel
de l'armée napoléonienne lui fit présenter les armes par
son régiment. La guerre — une fois n'est pas coutume —
mettait chapeau bas devant le plaisir de vivre, et Clos-Vougeot
le méritait bien. Commencé au XII⁰ siècle, achevé à la Renaissance
et restauré au XIX⁰ siècle, le château appartient, depuis 1944,
à la confrérie des chevaliers du Tastevin qui y tient,
chaque année, ses célèbres « chapitres ». Quelque cinq cents
convives s'y retrouvent pour des « disnées » à l'issue desquelles
le grand maître et le grand chambellan, entourés des hauts
dignitaires, intronisent les nouveaux chevaliers.
Le rite, haut en couleur, est scrupuleusement établi
et réglé sur le divertissement du *Malade imaginaire* de Molière.
Deux cultures ainsi se rencontrent, celle des lettres et celle du vin,
pour le plus épicurien des plaisirs.
Châteauneuf *(à droite)* est un vieux village pittoresque.
Fossés, fortes murailles, grosses tours rondes, pont-levis,
corps de logis gothique : malgré les restaurations apportées
à la construction du XII⁰ siècle, on est ici en plein Moyen Age,
et l'on a bien du plaisir à penser que le château, pacifié,
ne veille plus que sur les vignobles.
A Tonnerre *(page suivante)*, c'est la spiritualité qui l'emporte
sur le temporel. Juchée sur son socle, l'église Saint-Pierre
a des allures de bon pasteur gardant paisiblement son troupeau
d'âmes. Au XVI⁰ siècle — sans doute les prières des
habitants avaient-elles manqué de conviction — un incendie
ravagea la ville. L'église fut reconstruite au XVII⁰ siècle,
et depuis lors elle règne paisiblement sur les toits, les vignes,
les champs et les eaux claires de la rivière.

Bienheureux celui qui aborde La Rochepot *(ci-dessous)* par le ciel !
Campé au milieu de la verdure luxuriante,
le château féodal étale le mandala coloré de ses toits.
S'il fallait définir le paysage bourguignon et y inscrire le meilleur
exemple d'architecture régionale, c'est à coup sûr
La Rochepot qu'il faudrait citer. Tout ici est équilibre :
équilibre des teintes, celles de la nature et celles retrouvées
par les hommes ; équilibre des formes alliant à la douceur arrondie
des vallons la finesse rectiligne des tours. Oserait-on parler
à propos de La Rochepot d'élégance robuste ? Et pourtant, il n'y
aurait pas de paradoxe.
Semur-en-Auxois *(ci-contre)* est d'une beauté plus vigoureuse.
Sans doute à cause de sa vocation de place forte. Mais là
encore l'équilibre trouve sa place. La falaise de granit rose
dominant le ravin au fond duquel coule l'Armançon est adoucie
par un fouillis de petites maisons et une cascade de jardins
verdoyants. Les grosses tours rondes aux tuiles rouges
et la flèche effilée de l'église Notre-Dame poursuivent l'ascension
de la ville vers le ciel. Comme pour la féliciter, un ange ouvre
les bras en un geste d'accueil sur le sommet de l'archivolte
de son portail. Sur l'une des colonnettes qui l'encadrent,
deux escargots sculptés viennent rappeler que la Bourgogne
est le pays du bien-vivre. L'étroitesse de la nef, accusant
la hauteur des voûtes, renforce l'impression d'envolée
de l'architecture. De stature plus massive, la tour de l'Orle d'Or
témoigne que jadis Semur-en-Auxois fut réputé citadelle
imprenable. La promenade des Remparts permet de mieux
comprendre encore les raisons de cette réputation.

Tournus *(ci-dessus)* est en quelque sorte un livre d'histoire
ouvert à la page «Centres monastiques français».
Sans doute est-il l'un de leurs plus beaux et plus anciens témoins.
Vers 180, saint Valérien, un chrétien originaire d'Asie Mineure,
vint à Tournus évangéliser les foules. Il fut martyrisé sur
une colline dominant la Saône. Les sanctuaires érigés
sur l'emplacement de son tombeau furent transformés en abbaye
à l'époque mérovingienne. Au IXe siècle, ce monastère prit
un essor considérable avec l'arrivée des moines de Noirmoutier
fuyant devant les Normands. Les religieux y installèrent
les reliques de saint Philibert : l'abbaye changea de nom.
Les Hongrois l'incendièrent en 937. Les moines la remirent
en état mais finirent par l'abandonner quelques années plus tard.
L'ancien prieur, l'abbé Étienne, reçut alors l'ordre d'y revenir
et de la reconstruire. Ce fut bientôt chose faite. Le XIIe siècle
verra l'achèvement d'une des plus belles parties de l'église.
Plusieurs fois mise à sac puis restaurée, elle n'échappera
à d'irrémédiables destructions qu'au XVIIIe siècle, en devenant
église paroissiale. Les péripéties de son existence n'ont pas
affecté son harmonieuse beauté. Elle demeure le cœur
d'une vénérable et charmante ville, située sur la rive droite
de la Saône, entre Chalon et Mâcon, parmi les territoires
agrestes du Mâconnais, riches en vieilles pierres et en bons vins.
Page d'histoire également qu'Arnay-le-Duc *(ci-contre)*
celle-ci plus militaire et politique. Sur la tour de la Motte Forte,
le jeune Henri de Navarre, futur Henri IV, accomplissait
ses premiers exploits, ferraillant contre les troupes de Mayenne
au cours de la guerre entre protestants et catholiques.
Grosse tour ronde couronnée de mâchicoulis, cet édifice est
le seul vestige d'un important château féodal pris et repris
par les deux partis des guerres de religion. La ville, elle,
a, Dieu merci, survécu, et c'est toujours un plaisir
que d'y flâner par les vieilles rues.

Au nord-est de Montbard, la forêt s'ouvre sur un vallon solitaire.
Lieu de silence et de recueillement : l'abbaye de Fontenay.
Voyage à travers le temps, cet édifice donne une vision
exacte de ce que pouvait être un monastère cistercien
au XIIᵉ siècle, replié sur lui-même et vivant en autarcie.
Les conditions d'existence étaient rudes, la règle cistercienne
interdisant aux moines de recevoir quelque dîme ou terre
que ce fût. Les moines partageaient leur temps entre la célébration
des messes privées, le récit des heures canoniales, le chant
des matines puis des laudes. Les offices divins représentaient
entre six et sept heures de leur emploi du temps journalier.
Le reste était consacré à l'étude des textes saints et
au travail manuel. A cette austérité de la règle correspond
le dépouillement de l'architecture cistercienne. La façade
de l'église abbatiale, contemporaine du fondateur de l'ordre,
saint Bernard, est dénuée de tout ornement. Seules sept baies
en plein cintre, symboles des sept sacrements, viennent
souligner ses deux contreforts. La nef obéit à la même simplicité.
Le cloître, adossé au flanc sud de l'église, reprend
cet agencement sévère : chaque galerie compte huit travées
délimitées par des contreforts. Les jardins entourant le monastère
sont eux aussi tirés au cordeau. La sagesse de leurs lignes
favorisait-elle la culture des plantes médicinales dont les moines
s'occupaient jadis ? Ou bien était-ce le silence majestueux
que venait seul troubler le chuintement assourdi des fontaines
d'où Fontenay tire son nom ? Toujours est-il que les hommes,
comme les plantes, croissaient en sagesse à l'abri de ces murs.
L'architecture sait parfois venir au secours
des tourments de l'âme...

67

L'œil fixé sur la ligne bleue des Vosges...
un mot historico-militaire qui depuis a pris des allures de boutade.
Et pourtant, cette ligne des Vosges existe, visible souvent,
comme la trace bleue d'un pinceau sur l'horizon. En hiver,
la neige souligne ses pleins et ses déliés, ajoute à sa beauté,
évoque pleinement le mystère de cette vieille terre de légende que
hantèrent les loups, les sorcières, les chevaliers maudits
et les bons héros. Au sud de la chaîne sont les Vosges cristallines,
granitiques, qui jouent le double jeu : amples croupes et cimes
arrondies sur leur versant ouest, côté Lorraine ; versants escarpés,
hérissés de pointes rocheuses, sur leur versant alsacien.
Vues d'avion, elles s'ordonnent en longues rangées, serrées les
unes contre les autres, et courent par vagues figées vers
les quatre points cardinaux. Au nord, les Vosges gréseuses,
séparées des précédentes par la vallée de la Bruche, ont plus
de fantaisie dans leur forme. Elles se découpent en plates-formes
coiffant des cimes, en corniches dominant des gorges où dévalent
des ruisseaux murmurants, en plaques qui s'empilent
les unes au-dessus des autres pour former d'impressionnants
surplombs. Elles ont fourni le grès rouge vosgien, merveilleuse
pierre de construction à grain fin dont sont faits châteaux,
églises et cathédrales. Elles ont aussi constitué de parfaites
assises naturelles pour ces « burgs » qui les hérissent de leurs murs
défensifs et font corps avec elles. Pourquoi les Vosges
sont-elles bleues ? La réponse est à leur forêt. Sapins, épicéas,
pins sylvestres, sycomores habillent les pentes de leur ombre
dense, du ballon d'Alsace à Wissembourg. Ils ont fait,
au Moyen Age, la richesse des abbayes qui en protégèrent
intelligemment l'intégrité. Aujourd'hui encore, la forêt bleue
des Vosges joue un rôle non négligeable dans l'économie locale,
par le bois qu'elle fournit et les promenades superbement
romantiques qu'elle offre aux visiteurs.

Douceur du village, charme d'une petite ville bien assise entre les coteaux féconds : l'Alsace d'hier, d'aujourd'hui, de toujours. Minversheim *(ci-dessous)*, autour de son église, a, vu du ciel, des airs charmants de jeu d'enfant. Riquewihr *(ci-contre)* est, par excellence, la ville vigneronne : on y produit un riesling de haute réputation. Comme par miracle elle a échappé aux désastres de la guerre : telle elle était au XVIe siècle, telle elle se présente encore au regard ravi de ses visiteurs. Le château, construit vers 1539, a gardé ses fenêtres à meneaux, son pignon couronné de cornes de cerfs et sa tourelle d'escalier. La tour des Voleurs, jadis prison avec salle de tortures et oubliettes, est l'un des vestiges des remparts qui ceignaient la ville. Elle communique, par un étroit passage, avec l'ancien ghetto, la singulière cour des Juifs. Et l'on trouve un peu partout, au détour des rues, de belles vieilles demeures qui ont pour nom maison Liebrich, maison Brauer, maison Schaerlinger, maison Kiener, maison Schwander. Rivalisant d'élégance et de détails délicieux, l'une exhibe ses galeries de bois à balustre, l'autre offre ses baies encadrées de torsades, de ceps et de fruits, sans parler

des escaliers tournants, des étages en encorbellement, des cours, des puits. Une ville, en vérité, qui serait ville-musée s'il n'y régnait encore la chaude animation de la vie... et du vin. Quant à Sélestat *(page suivante)*, sur la rive gauche de l'Ill, c'est une cité double : d'un côté la ville moderne, siège de diverses industries, et de l'autre la vieille ville où abondent les trésors. Une magnifique église romane en grès rouge et en granit des Vosges : Sainte-Foy ; un arsenal du XIVe siècle, à l'architecture gracieuse, et la tour de l'Horloge, de même époque. Des remparts, enfin, dus à Vauban, qui sont devenus une promenade offrant une vue superbe sur les collines sous-vosgiennes et le Haut-Kœnigsbourg.

Hunawihr *(ci-dessous)* est un village viticole charmant, prudent
et œcuménique. Charmant, car il est typiquement alsacien
par la forme des maisons, et la pente des toits ; en outre,
il possède même un centre de réintroduction des cigognes.
Prudent, car un clocher, massif et solide comme un donjon, coiffe
son église fortifiée, entourée de six bastions. Œcuménique enfin,
car dans cette église, sont célébrés et le culte catholique et le culte
protestant — ce qui lui a valu une nef d'une forme un peu
particulière.

À 13 kilomètres à l'ouest de Sélestat, le château du Haut-
Kœnigsbourg *(ci-contre)* est l'une des plus imposantes
citadelles qui, dès le haut Moyen Âge, dominaient la plaine
d'Alsace et veillaient, comme autant de massives sentinelles,
sur les passages naturels entre la montagne et la plaine rhénane.
Arrimé sur un piton rocheux, dans un grave et beau paysage
de sombres forêts, il en occupe tout le sommet. Une triple
enceinte l'entoure. Le vertige court au ras des chemins de ronde.
Un décor pour tragédie historique sanglante... Du haut
de ses remparts s'ouvre le plus beau point de vue sur l'Alsace
que l'on puisse rêver. Au XIIe siècle, cette forteresse existait déjà.
Elle appartenait aux Staufen, maîtres de Sélestat. Reconstruit
au XVe siècle, le château fut détruit pendant la guerre
de Trente Ans et mérita ainsi, jusqu'à l'aube de ce siècle, le titre
de plus belle ruine d'Alsace. Bien des romantiques y
poursuivirent d'infinies rêveries. En 1901, la ville de Sélestat,
manquant des crédits nécessaires aux travaux de conservation,
en fit don à l'empereur Guillaume II qui décida non pas
un maintien en l'état, mais une reconstitution. Le résultat,
discutable, fut et est toujours discuté. Dans la salle des fêtes,
lors de sa dernière visite en 1918, Guillaume II fit apposer,
sur la grille de la cheminée, une inscription célèbre :
« Je n'ai pas voulu cela. »

Comment un monument peut-il s'intégrer à un paysage?
Notre-Dame du Haut *(ci-dessus)* à Ronchamp, dans
la Haute-Saône, et la Petite-Pierre, dans les Basses Vosges,
en donnent deux exemples, l'un contemporain, l'autre médiéval.
La chapelle de Ronchamp fut élevée dans les années 50
par l'un des architectes les plus audacieux et les plus novateurs
de ce siècle: Le Corbusier. Au sommet d'une colline,
elle succédait à un très vieux sanctuaire détruit en 1944.
Belle démonstration des principes architecturaux de son
bâtisseur, l'édifice est à la fois adaptation et opposition au site.
Les murs sont courbes, à forte inclinaison, enduits d'un très sobre
ciment de chaux. Ils soutiennent la double coque d'une toiture
en béton armé brut. Un autel extérieur, sous un grand auvent,
permet de célébrer la messe face à la foule assemblée
sur le parvis naturel de la colline. Rigueur des formes,
économie des moyens, austérité: une réussite inspirée,
unanimement saluée.
La Petite-Pierre *(ci-contre)* est, elle, une bourgade fortifiée
occupant une position dominante au cœur du massif
forestier des Petites Vosges. Son château fort date de la fin
du XIIᵉ siècle, son église du début du XIVᵉ, ses fortifications
sont de Vauban. Témoins encore de son passé historique,
une chapelle, une citerne souterraine et une maison Renaissance.
Personne, ici, ne s'est posé le problème de l'intégration
de l'architecture au site. Elle s'est faite tout naturellement, au fil
des siècles, par l'utilisation des matériaux de construction locaux
et le respect des usages traditionnels. L'harmonie est évidente.
Une partie des forêts qui entourent la Petite-Pierre est devenue
réserve nationale de chasse pour la protection du gros gibier.
Cerfs et chevreuils y vivent à l'abri des fusils.

Rares sont les villes de l'Est qui sont sans beauté. Et il n'en est aucune qui n'ait pas d'histoire. Montmédy, gros bourg de 2 716 habitants, n'est pas une de ces cités où les touristes s'arrêtent volontiers. Dans le paisible site de la vallée de la Chiers, cette agglomération pré-ardennaise ne manque pourtant point de noblesse, ni de prestigieuses architectures, ni de souvenirs. Il y a en réalité deux Montmédy : celui du bas qui s'étire au bord de la rivière ; celui du haut, fortifié à la Renaissance, garde des remparts demeurés pratiquement intacts. La Ville Haute, située au plein milieu du chemin des invasions, s'est toujours protégée du mieux qu'elle a pu. Son histoire se perd dans le dédale des péripéties guerrières et politiques. Au Moyen Age, elle est la capitale du comté de Chiny, et son comte la dote d'un château fort. Au milieu du XVe siècle, elle passe sous la domination des ducs de Bourgogne. Peu après, ce sont les Habsbourg d'Autriche qui deviennent ses maîtres. Puis, au XVIe siècle, la voilà sous la férule du roi d'Espagne. En 1657, Louis XIV y conduit son premier siège, assisté du maréchal de La Ferté. En 1659, elle devient française. Immédiatement, Vauban, prudent, améliore ses remparts. En 1914, elle est au centre des combats acharnés qui vont se livrer entre Meuse, Ardennes et Argonne. Sa garnison, encerclée, sera presque entièrement massacrée en tentant une sortie en direction des lignes françaises. Pour atteindre cette citadelle isolée sur un piton rocheux, on franchit deux portes à pont-levis et une voûte tout aussi vénérable. Du haut des remparts, la vue est aussi belle que les souvenirs sont lourds...

Un ciel où se font et se défont des châteaux mirages, des croupes lourdes de montagne usée par les millénaires, une forêt sombre où, du haut de belvédères vertigineux, le regard plonge sur d'âpres paysages : au-dessus de l'industrieuse vallée de la Meuse, c'est la face sauvage des Ardennes, leur part de nature immémoriale, leur patrimoine de rêves et de légendes *(page suivante)*. Charleville et Sedan y tiennent lieu de capitales régionales. Chacune, avec une rigueur architecturale toute géométrique, semble conjuguer l'ordre, l'opulence et la prudence. Pour la belle allure de ses monuments, Charleville *(ci-dessus)* vaut bien un détour. Charles de Gonzague, duc de Nevers et de Mantoue, gouverneur de Champagne, la fit construire en 1608 dans une boucle de la Meuse. Il la fortifia, dit la chronique, «plutôt pour l'ornement que pour en faire une ville de défense». Son plus beau fleuron fut sa place, sœur jumelle de la place des Vosges à Paris : un rectangle de 126 sur 90 mètres,

entouré d'hôtels cossus en brique et en pierre aux hauts toits d'ardoise, et bordé d'élégantes galeries à arcades. En 1899, on érigea au centre une statue du duc bâtisseur. On lui devait bien cela. La ville peut aussi attirer en pèlerinage les amoureux de poésie. Au bord de la rivière, un musée et un quai Arthur-Rimbaud rappellent que le poète vécut là longtemps et y écrivit *le Bateau ivre*.

Quant à Sedan *(ci-contre)*, ce pourrait être une exposition ouverte en permanence aux amateurs d'architecture militaire. Sur un rocher qui domine la cité et surplombe la Meuse fut édifié le «Château bas», la plus vaste forteresse d'Europe. Commencée au XVe siècle, sa construction s'échelonna au fil du temps, enchaînant remparts et bastions cyclopéens dont la conception, souvent, devance celle que Vauban, plus tard, mit en œuvre. Tout autour, la ville s'ordonne en un impeccable quadrillage.

Flandre, Artois : le plat pays. L'infini d'une plaine au ras de l'eau, avec, comme le chantait Jacques Brel, « la mer du Nord pour dernier terrain vague ». On y passe sans s'y arrêter, sans savoir que le Nord est double, triple même, qu'aux mines et aux corons succède le damier des champs, paisible reflet des travaux et des jours, avant de s'achever vers les dunes et les longues plages sableuses balayées par un vent tonique. Pays noir ? Ouvrez les yeux. Vu du ciel, il a ici tous les tons frais de l'aquarelle : jaunes doux, verts tendres, roses délicats. La terre est riche, tout habillée de lœss fertile. On la travaille avec rigueur. Bonne fille, elle rend au centuple les soins qui lui sont prodigués : champs de blé, champs de betterave, c'est ici le domaine de l'agriculture intensive où le remembrement n'a eu aucune peine à s'imposer.

Les fermes, pourtant, trapues sur leurs assises, continuent de s'isoler derrière de frais rideaux d'arbres, tandis qu'autour des pâtures, de petites haies dessinent des traits sombres qui ont l'air d'avoir été coloriés au crayon de couleur.

Là se trouvaient des marais, là poussèrent ensuite des cultures : l'histoire indéfiniment se répète. Défricheurs, bâtisseurs, les moines sont toujours à l'origine de la transformation. La région de Saint-Omer n'échappe pas à la règle. Des moines, au VIIᵉ siècle, y fondèrent une abbaye bénédictine. Ce sont eux qui, les premiers, drainèrent et canalisèrent, pour les cultiver, les fameux *watergangs (pages suivantes)*, les marais qui entouraient la ville. Les paysans continuèrent l'œuvre entreprise. Ainsi se façonna un paisible et riche paysage de canaux, de champs et de bosquets qui s'étend dans la lumière douce.

Des airs de gravure ancienne, un décor tout prêt pour le tournage
d'un film historique : Rocroi, sur le plateau ardennais, se tasse
à l'intérieur de ses remparts, commencés en 1555 et achevés
par Vauban. Tous les enfants français ont retenu le nom de cette
ville citée au chapitre des guerres dans leur livre d'histoire :
Condé, en 1643, y remporta sur les Espagnols une illustre
victoire. Rien de plus singulier que le plan de la cité avec son
urbanisme en toile d'araignée. A partir de sa vaste place centrale
partent huit courtes rues tirées au cordeau, chacune bordée
de maisons claires coiffées d'ardoise. Toute la vie a l'air
de se condenser là, dans cet abri, refermé sur lui-même, pour
oublier sans doute la solitude du plateau où les chemins font
d'imprévisibles boucles. Comment ne pas imaginer les armées
qui y campèrent, les maréchaux en dentelles, la fumée des
boulets, la rumeur des batailles ? Rocroi n'attend plus que son
metteur en scène.

Normandie rieuse ou Normandie sévère ? En ce pays qui fut celui
des *Northmen*, les Vikings coureurs de mer, les deux se côtoient
sans jamais s'opposer. Deauville *(ci-dessous)*, dans la plaisante
verdeur du Pays d'Auge, est l'élégante station lancée
au XIXᵉ siècle, par le très mondain duc de Morny. Il n'y avait là
que quelques chaumières. Depuis plus d'un siècle s'y pressent
des villas au style balnéaire normand très particulier, des palaces
comme le Royal et le Normandy, un casino. Un champ de course,
un golf, un port de plaisance, une marina — Port-Deauville —

complètent ce décor sur fond de «planches»: celles-ci bordent
les trois kilomètres de plage pour en faire une promenade
mondialement célèbre. En hiver, à peine plus de 5 000
Deauvillais vivent au calme, dans la fraîcheur de l'air iodé.
Au mois d'août, 40 000 personnes arpentent les planches, mais
même dans la cohue, le bon ton ne perd jamais ses droits.
A la fin de l'été, la vie mondaine s'achève avec brio sur un Festival
du cinéma américain où le «tout-spectacle» a de plus en plus
à cœur de se montrer. De l'autre côté de l'estuaire de la Seine,
vers le nord, le Pays de Caux dresse ses falaises blanches
au-dessus des vagues: une côte singulière, coiffée de la verdure
des riches pâturages, entaillée de valleuses où la mer, à marée
haute, vient inlassablement sculpter le calcaire de la muraille
contre laquelle elle bute. Ainsi sont nées les étonnantes
architectures naturelles d'Étretat *(à droite)*. Maupassant et
les peintres impressionnistes ont célébré ces arches
monumentales: la porte d'Aval, Manneporte. Et c'est dans
l'Aiguille, haute de 70 mètres, que Maurice Leblanc, malicieux,
imagina une cache pour son célèbre héros, Arsène Lupin.

Un étonnant court-circuit du temps : l'abbaye féerique dans son écrin irisé d'eau et de sable et, montant vers elle, la procession anachronique des automobiles. Le Mont-Saint-Michel est un lieu comme il en existe peu au monde, où, dès l'aube des temps, les hommes tentèrent de communiquer avec le ciel. Le rocher servit d'abord à la célébration du culte de dieux inconnus. Puis saint Auber, évêque d'Avranches, le christianisa sur l'ordre, dit le mythe, de l'archange saint Michel. Ce n'était qu'un sanctuaire au début du VIIIe siècle. Puis les bénédictins fondèrent une abbaye et, du Xe au XVIe siècle, les édifices carolingiens, romans et gothiques se combinèrent pour former un extraordinaire ensemble architectural. De la base au sommet se superposent des constructions souterraines (Notre-Dame sous terre, Notre-Dame des Trente Cierges, la crypte des Gros Piliers, la salle des Chevaliers, etc.) qui soutiennent un cloître du XIIIe siècle, des bâtiments réguliers de la même époque (la Merveille) et un logis abbatial du XVe. Au sommet, une église de granit construite du XVe au XVIe siècle. Pour couronner le tout, une flèche de 40 mètres, plantée à la fin du XIXe siècle, lorsque le mont était encore cette île étrange où l'on ne pouvait se rendre qu'à marée basse. Par la suite une digue insubmersible fut construite, reliant le mont à la terre et l'offrant du même coup aux cohortes touristiques. Un danger plus grave le menace : l'ensablement de la baie. Au printemps 1984, alors même que le Mont-Saint-Michel était inscrit au patrimoine mondial de l'Unesco, des mesures ont été prises par le gouvernement français : physiquement, le mont sera sauvegardé. On se prend à rêver de dispositions complémentaires qui obligeraient les visiteurs d'aujourd'hui, comme les pèlerins d'hier, à le mériter, et lui rendraient son silence.

L'aventure et la sagesse, le rêve et l'ordre, la solidité des murs
de granit et la fluidité verte de l'eau, tel est Saint-Malo, vieille cité
corsaire installée sur l'estuaire de la Rance. Tout y raconte
encore les temps glorieux de la «grande course», lorsque
les marins malouins, Surcouf en tête, tiraient leurs bordées contre
les vaisseaux hollandais, anglais ou espagnols pour le plus grand
profit du roi de France. Installée sur un îlot granitique, la ville
donne l'impression de flotter sur la mer. C'est qu'il n'y eut
d'abord qu'un isthme, le Sillon, pour la relier à la terre ferme.
Plus tard, des digues encadrant les bassins lui permirent
de communiquer facilement avec ses faubourgs, les «chaussées»
aux noms évocateurs: chaussée des Corsaires, chaussée
du Sillon. Au nord-ouest, on y trouve une station balnéaire avec
plage, hôtels, casino, palais des Congrès. Au sud-est, les ports:
port de commerce, port de pêche, port de plaisance. Et à l'ouest,
la Ville Close dans ses remparts de granit, merveille
de noblesse et de sobre opulence. Malgré les bombardements
de la Seconde Guerre mondiale qui obligèrent à la reconstruire
en grande partie — ce fut fait avec une sensibilité et une
intelligence rares — il y reste encore de somptueuses demeures
d'armateurs, aux murs trapus, aux portes cloutées, pour
témoigner des splendeurs passées. Le long des rues, des enseignes
de fer grincent au vent. Le château, construction du XVe siècle qui
abrite à présent l'hôtel de ville, est impressionnant, renforcé
de bastions, flanqué de tours massives. L'une, construite en 1475
par le duc François II, a été baptisée la Générale. L'autre,
ajoutée par sa fille, la duchesse Anne, se nomme la
Quiquengrogne. Elle porte l'insolente devise de la Dame:
«Qui qu'en grogne, ainsi sera, car tel est mon bon plaisir.»
Il en est encore deux autres: la tour des Dames et la tour
des Moulins. De remparts en portes, de bastions en poternes,
de belles maisons en belles cours, on peut, à Saint-Malo,
passer des heures, tantôt à admirer les pierres, tantôt
à contempler la mer, jusqu'au moment où, sur les quais, on rejoint
la jetée. Des hommes aux cheveux blancs sous la casquette
marine y observent, à la jumelle, le va-et-vient des navires,
comme si, devenus terriens, ils ne pouvaient laisser leur cœur
totalement ancré au port...

Des figuiers, des palmiers, des araucarias, des mimosas, des myrtes et des camélias : juste en face de Saint-Malo, sur la rive gauche de l'embouchure de la Rance, il y a Dinard, le plus doux des lieux de séjour, protégé des vents, réchauffé par le Gulf Stream, offrant toute une déclinaison de plages de sable et de pointes rocheuses qui peuvent simultanément combler les amateurs de farniente sur le sable ou d'escalade sur les rochers, les pêcheurs de crabes et les amoureux des embruns. Des vedettes relient Dinard à Saint-Malo, son voisin, que l'on atteint également grâce au barrage construit pour alimenter l'usine marémotrice de la Rance. Par la rivière on peut remonter jusqu'à Dinan, belle vieille ville aux maisons de granit clair, aux murailles féodales et aux odeurs de crêpes. En prenant le bateau, on atteint les îles : Chausey, Bréhat, ou, plus proches, Harbour et Cézembre aux rochers escarpés, aux hautes vagues, aux courants violents, mais c'est un paradis pour amateurs de crevettes, de crabes et de coquillages. Il ne s'agit cependant pas d'îles désertes. Harbour *(ci-contre)* a vaillamment joué son rôle de sentinelle des mers : une forteresse du XVIIᵉ siècle en témoigne. Quant à Cézembre, elle connut successivement l'occupation pacifique, celle d'un monastère aux XVᵉ et XVIᵉ siècles, puis l'occupation guerrière : au XVIIᵉ siècle elle prenait rang, grâce à Vauban, parmi les îles fortifiées. Durant la dernière guerre, les Allemands l'aménagèrent en redoutable nid de canons. Aujourd'hui, on n'y lutte plus que contre la mer et le vent : elle est devenue un important centre nautique.

Il n'y a pas un mais trois Dinard, fort différents les uns des autres. Au centre, le quartier commerçant : magasins et jardins. Accroché à la falaise qui domine l'estuaire de la Rance, le vieux Dinard, bien abrité de la haute mer, se donne des allures de ville d'hiver. On y trouve quelques jolies maisons du XVIIe et du XVIIIe siècle, et même le petit manoir du Prince Noir, datant, lui, du XVe. Enfin, au nord, de la pointe du Moulinet à Saint-Énogat, face au large, la station d'été aligne ses villas cossues dans des jardins où les hortensias déclinent toutes sortes de roses et de bleus. Par ailleurs, le Vicomté, ancien domaine mis en lotissement, est devenu l'annexe résidentielle de la station.

Dinard a plusieurs plages : celle du Prieuré, la plus longue et la plus plate, ourle le fond de l'anse, entre le vieux Dinard et le Vicomté ; celle de l'Écluse, entre la pointe de la Malouine et la pointe du Moulinet, est bordée d'une digue-promenade réservée aux piétons ; la plage de Saint-Énogat, enfin, avec de grandes grèves de sable, dévoile ses rochers à marée basse. Il ne faut pas oublier la promenade du Clair de Lune, faite pour rêver, les soirs d'été, en marchant doucement de la cale du Bec de la Vallée jusqu'à la plage du Prieuré. Ainsi va la vie dans une aimable station, familiale sans être jamais bruyante, mondaine sans être jamais snob.

101

Une lande rase, balayée par le vent. Un menhir qui se dresse,
vaguement menaçant, comme pour rappeler qu'à chaque
moment le ciel peut vous tomber sur la tête. De tous côtés la mer,
couleur d'émeraude sombre ou de turquoise claire, selon
l'humeur du temps, et, prolongeant la lande, un escarpement
rocheux qui pointe vers les flots comme l'étrave d'un navire :
tout près du cap Fréhel, le fort de la Latte raconte une Bretagne
violente, secrète, sorcière. Cette masse couleur de roc,
à l'extrémité du promontoire, est-elle chaos de granit ou
construction humaine ? De loin, on doute. De près, on constate
qu'effectivement des hommes ont osé bâtir là. Au Moyen Age,
le fort, qui se nommait château de la Roche-Guyon,
appartenait aux seigneurs de Matignon. Ce sont eux qui firent
monter ces murailles, ces tours, ce donjon, lancèrent
les ponts-levis sur les entailles vertigineuses de la falaise
et vécurent là, solitaires, l'œil fixé sur les périls de la mer.
Louis XIV fit restaurer le fort. Il reste pourtant authen-
tiquement, puissamment médiéval. Du haut du donjon, la baie
de la Frênaye, la baie de Saint-Malo, les falaises brutales
de l'anse de Sévigné s'offrent au regard, et l'on se demande
quelles angoisses métaphysiques, quelles peurs, quels espoirs
d'exploits et de pouvoirs ont nourri les longues veilles
de ceux qui guettaient là.

Au sol, pas un pouce de terre perdu. Sur mer, le fourmillement
des barques, des chalutiers, des jetées, des balises, des phares ;
à Concarneau *(ci-dessus)* ou à La Trinité-sur-Mer *(ci-contre)*
on ne connaît qu'une industrie : la pêche, et qu'une présence :
la mer. C'est à son rythme que l'on vit, entre marée haute
et marée basse, départ et retour des bateaux. Concarneau est
l'un des plus typiques de ces ports bretons, des plus vivants
et des plus colorés. Le mouvement y est incessant. Le soir,
pour la criée, on y débarque des tonnes de poissons pêchés vers
l'Écosse, l'Irlande ou les côtes tropicales. Les filets bleus sèchent
sur les jetées. Les bateaux sont rouges, verts, bruns.
De l'un à l'autre les matelots s'interpellent à voix haute et à mots
brefs. Comme Saint-Malo, Concarneau a sa Ville Close,
fortifiée au Moyen Age, renforcée à la Renaissance,
puis par Vauban. Les maisons s'y serrent au long des venelles,
sous leurs toits d'ardoise bleue. Il y a aussi, tourisme oblige,
une station balnéaire, les Sables Blancs, en bordure de la baie
de la Forêt. Un peu plus bas, toujours dans la Bretagne du Sud,
La Trinité-sur-Mer, installée sur un large estuaire, s'est partagée
également entre la pêche, la plaisance, l'ostréiculture
et les charmes de la vie balnéaire. Le site est beau, la vie
tranquille. Et à quelques kilomètres de là, le monde mystérieux
des druides est au rendez-vous avec les 2 935 menhirs de Carnac,
et les monuments mégalithiques de Locmariaquer.

«Allons chez moi!» dit familièrement François Ier à son vieil
ennemi Charles Quint. Ce «chez moi», c'était Chambord,
où le roi de France ne voyait qu'un «pavillon de chasse», tandis
que son illustre visiteur le considérait comme «un résumé
de l'industrie humaine». Bel hommage à Léonard de Vinci dont
on pense qu'il fut à l'origine des plans du château. Tout y
est superbe, immense, superlatif dans l'élégance. La surface:
156 mètres sur 117 mètres; les 440 chambres; les 32 kilomètres
de mur qui l'isolent du reste du monde; les 5 500 hectares
de parc aujourd'hui transformés en réserve de gibier.
Plus tous les détails: l'escalier à double rampe qui permettait
d'accéder aux appartements sans descendre de cheval,
les lucarnes, les lanternes, les cheminées somptueusement
décorées. Seule la nature n'était pas à l'unisson: le Cosson,
qui coule au pied du château, n'est qu'une très modeste rivière.
François Ier, un moment, songea à détourner le cours de la Loire
pour que son «pavillon de chasse» ait un miroir plus digne de lui.
L'état des finances royales ne le lui permit pas, et le
«château magique», comme disait Alfred de Vigny, garda
son petit cours d'eau. Louis XIV, qui aimait tant séjourner
à Chambord, n'en fut point gêné. C'est là du reste que fut donnée
la première représentation du *Bourgeois gentilhomme*. Depuis 1952,
la longue histoire d'un des plus beaux châteaux de France
se raconte en un son et lumière qui fut le premier du genre.

Sans doute parce qu'ils ont choisi de se tenir entre ciel et eau, les villes et les châteaux de la Loire semblent vivre en apesanteur. Ainsi Langeais, en bleu et gris, a des allures douces de ville flottante. Jusqu'à son pont qui paraît aérien, comme pour éviter de peser dans cette légèreté d'aquarelle *(ci-dessous)*.
Situé sur les rives de la Vienne, Chinon *(ci-contre)* a le même charme, mais une personnalité plus médiévale, bien que les murailles qui l'enserraient se soient effondrées, et que son château, forteresse du XIIe siècle perchée sur un escarpement, ne soit plus qu'un squelette. Des maisons du XVe siècle, avec leurs toits pointus, leurs façades à pans de bois et à poutres sculptées, leurs pignons de pierre, leurs tourelles, leurs portes ciselées, leurs fenêtres à meneaux, y créent une atmosphère délicieuse, très cinématographique. Jeanne d'Arc vint ici quémander, auprès de Charles VII, les troupes qui «bouteraient l'Anglais hors de France». On peut imaginer la scène, à moins que l'on ne préfère, à Chinon, évoquer Rabelais, né tout près de là, et chercher entre les vieux murs les traces de Gargantua criant: «A boire, à boire!»

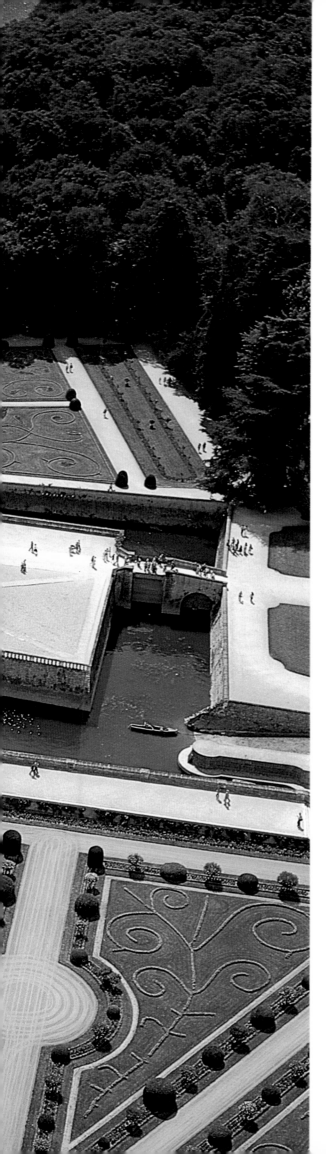

Sur le Cher, et non sur la Loire, voici Chenonceaux, le «château des six femmes». Ce nom qu'on lui donne parfois, il le doit à ses châtelaines, qui ont compté au moins autant que ses châtelains. Catherine Brissonet fut, au début du XVIᵉ siècle, son premier maître d'œuvre. Diane de Poitiers, la toujours belle, se préoccupa du jardin et fit édifier le pont qui relie le château à l'autre rive du Cher, et Catherine de Médicis prit la relève. Elle fit dessiner le parc et bâtir la double galerie sur le pont. Louise de Lorraine y abrita son deuil. Mme Dupin y hébergea Jean-Jacques Rousseau tandis qu'il écrivait l'*Émile*. Une femme encore, Mme Pelouze, fit de la restauration du château l'œuvre de sa vie. A Chenonceaux, tout est harmonie — les lignes de la construction, le dessin des jardins, le tracé des frondaisons, la palette des couleurs — comme en écho à la devise du château: «S'il vient à point, me souviendra.» Azay *(ci-dessous)* a moins d'ampleur mais un charme infini. Il date de ce temps où la Renaissance perçait sous le gothique comme une promesse de soleil, ou de paix. Le dispositif de défense féodal semble n'avoir plus d'autre fonction que de rappeler la haute position du maître des lieux. Les lourdes tours sont devenues tourelles, les mâchicoulis découvrent l'ornement, et les fossés se métamorphosent en inoffensifs miroirs d'eau. L'Indre, paisiblement, va son chemin. Le grand corps de logis ne parle que d'élégance et, à l'intérieur, de superbes meubles, des tapisseries des XVIᵉ et XVIIᵉ siècles prolongent ce délicat plaisir. Azay est le plus séduisant des dépaysements dans le temps.

Cinq images du Pays de Loire, un abrégé de ses merveilles. Fontevraud *(en haut, à gauche)*, la magnifique abbaye dont la construction fut commencée au XIe siècle, et qui demeure le plus grand ensemble monastique encore intact en France. Luynes *(en bas, à droite)*, le château féodal qui domine la ville, aux caves creusées à même le roc. Amboise *(en bas, à gauche)*, dont Charles VIII, fasciné par les jardins italiens, voulut faire un paradis terrestre. Léonard de Vinci y vécut sous François Ier. Les jardins, les meubles, les tableaux, les étoffes, tout y était vraisemblablement splendide ; il ne reste plus aujourd'hui que le logis du Roi pour témoigner de cette beauté.

Blois *(en haut, à droite)*, ce fut le « Versailles de la Renaissance ». Quant à Ussé *(ci-contre)*, dans ses pierres blanches, ses toits, ses clochetons, ses lucarnes, Perrault vit, dit-on, le château de la Belle au bois dormant. Laissons galoper les imaginations, demeurera la leçon d'architecture qu'offre la contemplation émerveillée de ces monuments, épousant habilement les sites, jouant avec les espaces, dialoguant avec la ville qui vit autour d'eux, s'insérant harmonieusement dans l'écrin de leurs jardins. Et, jamais, la moindre fausse note...

La richesse de la terre pour nourrir les hommes; la longue houle
de l'Atlantique pour alimenter leurs rêves d'épopée:
Fouras *(ci-dessous)*, petite cité près de l'embouchure de
la Charente, et La Rochelle, belle capitale de l'Aunis, sont
comme petite et grande sœurs: même ciel doux, mêmes paysages
verdoyants, même art du bien-vivre et mêmes défenses, chacune
à son échelle, pour protéger tout cela. Fouras, au XVe siècle, se dota
d'un donjon qui défendait l'accès de la Charente. Au XVIIe siècle,
l'inévitable Vauban compléta l'ouvrage par des enceintes qui
donnent fière allure au site. Mais Fouras, c'est aussi
le charme des toits presque orange cernés par le vert luxuriant
des bois, les plages de sable fin et, comme une culture

de mer qui succéderait, sans discontinuité, aux cultures de terre,
le quadrillage rythmé des parcs à huîtres sagement alignés.
A La Rochelle, la vie est plus grouillante, l'architecture plus
impressionnante. Une ville si séduisante que Rabelais, déjà,
en était tombé amoureux, et après lui, bien d'autres écrivains
ou peintres. Tout y est beau, tout y est harmonieux: les remparts,
les tours, les ruelles, les arcades, les passages secrets,
les porches voûtés, les petites maisons médiévales, les nobles
hôtels du XVIIe et du XVIIIe siècle, le vieux port, la couleur
des toits, des murs, du ciel. 25 000 personnes y moururent de faim,
au XVIIe siècle, lorsque Richelieu mena le blocus de cette
citadelle de la foi protestante. Les Rochelais en ont gardé,
sur un fond de gravité d'âme, un formidable appétit de vie.

Marennes, La Cayenne, l'estuaire de la Seudre : juste en face
d'Oléron, au sud de la Charente maritime, entre les Marais Gats
qui entourent Brouage et la verdoyante presqu'île d'Arvert
avec sa forêt aux puissantes senteurs, les champs marins
succèdent aux champs terriens. Sur quatre mille hectares
étonnamment quadrillés, on y cultive les huîtres, dans un incessant
va-et-vient de bateaux à fond plat et de doris effilés.
Au large, le naissin est d'abord déposé sur des collecteurs
de tuiles chaulées ou des chapelets d'ardoise. C'est là que
se forment les jeunes huîtres. Au bout de huit à dix mois,
on les transporte dans des bassins où elles passeront environ
une année. Arrivées alors au stade de l'adolescence, elles seront
une nouvelle fois déplacées pour être installées dans les bassins
d'affinage, les claires, grands réservoirs aménagés dans
les anciens marais salants désaffectés, où elles resteront jusqu'à
devenir consommables. De petits villages s'ancrent entre
les eaux nacrées. Ils ont nom L'Éguille, Mornac-sur-Seudre,
Nieulle-sur-Seudre ou Chaillevette. On n'y vit que d'ostréiculture
dans un décor calme de cité lacustre étrangement dépaysant.

Pointe du Chapus *(ci-contre)*, Quatre Vaux, parc d'Isigny
(pages suivantes). Ce fut ici le royaume des «gats», les marais
salants. Rien n'était moins propice à la survie des humains que
ces terres où nulle plante ne pouvait pousser. Rien ne devait autant
les enrichir en un temps où le sel valait de l'or. Toute la côte
en vivait — et Oléron, et l'île de Ré, la belle. Brouage
en naquit et fut, au Moyen Age, le plus important marché
au sel de l'Europe. Dans ses remparts, c'était l'un des plus
beaux ports de France. Au XVIIᵉ siècle, il faisait encore
concurrence à La Rochelle. Puis les marais s'ensablèrent,
le climat devint insalubre, Brouage ne fut plus qu'une sorte
de cité-musée abandonnée, voilée d'irréalité. Restaient
les marais. Vers la terre, on en fit des polders. Vers la mer,
ce fut une autre culture

qui s'installa : celle des huîtres. Dans le bassin de Marennes, un quadrillage chassant l'autre, le damier des «claires» a remplacé celui des marais salants. 2 500 concessions y font vivre 25 000 personnes et assurent, à elles seules, avec 40 000 tonnes annuelles d'huîtres, la moitié de la production française. Rude travail pour les ostréiculteurs. Sans cesse ils doivent veiller sur leurs parcs, toujours anxieux d'une nouvelle maladie, d'une soudaine pollution qui peut, en quelques jours, réduire leurs efforts à néant. Ces huîtres tiennent une telle place dans la vie économique et touristique locale qu'elles ont leurs musées didactiques à Marennes, au fort Louvois, à Étaules, à La Tremblade. Par ailleurs, des ports du Chapus, de Bourcefranc, de Marennes ou du Château-d'Oléron, on visite les parcs où elles sont élevées avec la même révérence que s'il s'agissait de monuments — gourmandise en plus !

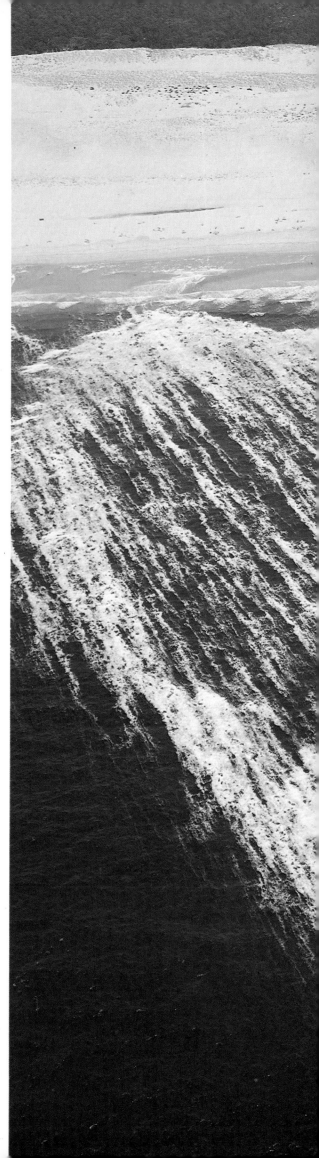

Côté terre, c'est la forêt landaise, ses odeurs de résine, ses lacs insolites qui, presque tous, communiquent avec la mer.
Côté Océan, dans la seule échancrure importante du littoral de la Côte d'Argent, s'abrite le bassin d'Arcachon.
25 000 hectares d'eau où voguent paisiblement les pinasses, ces bateaux locaux à fond plat. A basse mer, les deux tiers des fonds se découvrent. A marée haute 9 500 hectares émergent encore grâce aux digues des «réservoirs à poissons» d'Audenge et du Teich. Curiosité locale, au sud du bassin culmine à 114 mètres la dune du Pilat *(ci-dessous)*, la plus haute «montagne» de sable d'Europe. Une passerelle et un escalier

de 190 marches conduisent à son sommet. L'ascension est dure, mais le spectacle en vaut la peine. D'un côté, on plonge sur la forêt. De l'autre, c'est le moutonnement infini des vagues, éveillant l'impression un peu floue que là-bas, sur la ligne de l'horizon, on pourrait, qui sait, voir les Amériques.
Pour redescendre, deux voies : l'escalier encore ou, plus sportif et plus amusant, le ski sur les aiguilles de pin. La dune du Pilat est le seul endroit de France où l'on puisse connaître, au plus chaud soleil, l'ivresse de la descente sur pentes odorantes.
Le vent, sans cesse, sculpte cette masse éclatante mais ne l'amenuise pas : depuis un siècle, il est prouvé qu'elle a grossi.

Le Pays basque, pile ou face... Rude, austère, ou bien vif, aimable et parfois mondain. L'arrière-pays des Pyrénées atlantiques a la tête contre le ciel et l'âme montagnarde. Il s'étage en cimes et en vallées, en prairies et en gaves, égrène le long des hauts chemins ses villages aux noms impossibles à prononcer.

La langue basque, avec ses *h*, ses *x*, ses *i* et ses *y*, est pleine d'étranges consonances. Pourtant, le seul mot à retenir est tout simple : *agour*. Il signifie à la fois salut, bienvenue et convivialité.

Dévalant de la montagne vers la côte, on tombe sur Hendaye, Saint-Jean-de-Luz, Biarritz : pêche, aventure et tourisme de haut niveau, c'est la face rieuse du pays. Saint-Jean-de-Luz *(en haut)* associe aux charmes d'une plage de 1 200 mètres située au fond d'une calme baie ceux d'un port très pittoresque, dont l'activité principale est la pêche au thon. Son église Saint-Jean-Baptiste a quelque parenté avec les somptueux édifices baroques que bâtirent, en Amérique du Sud, les conquistadores. Louis XIV y épousa l'infante Marie-Thérèse d'Espagne. Biarritz *(en bas)* fut lancé, au Second Empire, par l'impératrice Eugénie. Très vite, le port oublia sa vocation première — la pêche à la baleine — pour devenir, jusqu'à la Seconde Guerre mondiale, la plus distinguée des stations balnéaires.

125

A 180 kilomètres de la Côte d'Azur et 80 kilomètres de la Toscane, il reste un magnifique vestige de l'ancien continent Tyrrhénien: la Corse. Forteresse montagneuse, elle culmine au monte Cinto (2 700 mètres). Au long de ses 1 000 kilomètres de côtes, les flots clairs dessinent des calanques et des golfes taillés à vif dans le rouge du porphyre ou le blanc éclatant du calcaire. L'île embaume l'aloès et le genévrier, le ciste, la lavande, le myrte, le lentisque et l'eucalyptus. «Là, tout était plus beau et meilleur qu'ailleurs», disait, quelque peu nostalgique, le plus célèbre des Corses, Napoléon. Pas étonnant que tant de pillards et de conquérants se soient succédé sur ces rivages tentateurs!

Pour se protéger des incursions des premiers ou consolider les conquêtes des seconds, on a dressé des murailles: les cités côtières furent fortifiées. Bastia tient son nom de *Bastiglia*, qui signifie citadelle. Bonifacio *(ci-contre)*, à la pointe sud de l'île, était juchée au sommet d'un cap calcaire qui constituait déjà une formidable défense naturelle. Au Moyen Age, un noble Toscan, Boniface, acheva cette fortification spontanée en faisant ériger une enceinte dont pas une pierre, aujourd'hui, n'a bougé. Si l'on en croit *l'Odyssée*, Ulysse fit escale à Bonifacio. Tout plaisancier — et ils sont nombreux! — qui jette aujourd'hui l'ancre dans sa marina peut se prendre à rêver d'être cet illustre marin à la langue agile...

Montagneuse, rocheuse, sauvage, l'île de Beauté, si farouchement accrochée à son identité, a pourtant ses oasis apaisées. Ainsi en est-il de la Balagne, au nord-ouest, que les Corses appellent le «pays de l'huile et du froment». Palmiers, agaves, figuiers de Barbarie y poussent aux côtés du blé et de l'oranger. Le port de Calvi et celui de L'Ile-Rousse virent du reste naître l'essentiel de leur activité de l'expédition des agrumes. L'Ile-Rousse, aujourd'hui, n'est plus tout à fait une île : une jetée la relie au rivage. En revanche, elle est toujours rousse, puisque c'est à la couleur de son sol qu'elle doit son nom. A ses charmes agrestes de jardin bien cultivé, elle ajoute celui d'une exquise plage de sable blond. Les touristes ne s'y sont pas trompés qui en ont fait une de leurs stations balnéaires préférées. Ile rousse, île douce : le plus joli et le plus justifié des lapsus. Au large de L'Ile-Rousse, et comme pour corriger sa douceur par un peu de violence, cinq îlots rocheux forment l'ensemble de La Pietra. Une vieille tour n'y est plus que sentinelle désaffectée, mais le phare, en revanche, continue d'indiquer leur route aux bateaux, et d'offrir aux visiteurs le plus splendide des panoramas méditerranéens.

Roussillon et Languedoc, même soleil, même accent qui roule
des cailloux comme les torrents des Pyrénées orientales.
Entre Carcassonne l'audoise et Collioure la catalane, point
de dépaysement. Collioure *(ci-contre)*, l'antique Cauco Illiberis,
est à la fois une place forte, un port de pêche, une station
balnéaire. A ses pieds, les eaux de la baie sont d'un azur
irréprochable. Des hauteurs escarpées, rouges et vertes,
lui servent de toile de fond. Les amateurs de vieilles pierres
se complairont à admirer le bourg fortifié et l'ancien château
royal, ou château des Templiers, construit du XIIIe au XIVe siècle.
Quant aux amoureux d'exotisme, le vieux quartier de la Maura
leur rappellera les casbahs d'Afrique du Nord. Les artistes
y voisinent aujourd'hui, en toute fraternité, avec les pêcheurs
d'anchois. Fallait-il un titre de gloire supplémentaire
à Collioure? En 1945, elle a été classée «ville des peintres».
Simplement. Superbement...
Carcassonne *(page suivante)*, de l'autre côté des Corbières,
a une renommée quelque peu différente. On dit qu'au
Moyen Age ce fut la plus grande cité fortifiée d'Europe.
Elle a aujourd'hui le charme frais d'un jouet d'enfant.
Rien n'y manque : double enceinte, ponts-levis, fossés,
meurtrières, barbacanes... et pas une pierre du château qui
n'ait bougé. A la fin du siècle dernier, Viollet-le-Duc
est passé par là : grâce à ses travaux de restauration,
il a curieusement maintenu dans la cité de Carcassonne
un univers médiéval qui semble, plus d'un demi-millénaire
après sa construction, en parfait état de fonctionnement.

Lourdes croupes, cicatrices de colères anciennes, cônes
dénudés : la chaîne des 80 volcans, à l'ouest de Clermont-
Ferrand, donne à l'Auvergne un paysage unique en France :
des puys, des plombs, des falaises de lave, du gris, du noir,
du bleu foncé, des couleurs rigoureuses, franches. Certains
de ces volcans se sont humanisés. Des lacs dorment dans leurs
anciens cratères, le vert des herbes et des arbres les habille.
D'autres, comme le Puy Pariou (c'est en fait le « pertiou », le trou,
dans le patois auvergnat) semblent encore prêts à cracher feu
et flammes. Son cratère continue, vaguement menaçant,
de coiffer des pentes dénudées. Si les bouilloires infernales ont
doté l'Auvergne de sites admirables, ce n'est pas leur seul
mérite : elles ont eu leur corollaire positif, les sources thermales.
Dès le XVIIe siècle, quelques courtisans de haute volée venaient
y refaire leur santé usée par les excès de Versailles. Au pied
des volcans, la terre fut fertilisée, et dans la lave répandue,
les bâtisseurs du haut Moyen Age ont taillé le matériau d'un art
roman auvergnat admirable de densité et de pureté.

Double page précédente : Versailles, la plus prestigieuse des architectures de la fin du XVIIe siècle. 680 mètres de façade, aux proportions parfaites sous les toits plats, et 7 000 hectares de parc. Une nomenclature des plus grands talents du siècle : Le Vau et Hardouin-Mansart pour l'architecture, Le Brun pour la décoration, Le Nôtre pour les jardins, Vauban pour l'hydraulique, Mignard pour la peinture... Tout fut ici conjugué pour donner du pouvoir une image grandiose et solaire.

Un «désert» très ordonné au milieu d'une forêt touffue : Rambouillet *(à gauche)*. Désert royal : sous le toit du château, François Ier, Louis XV, Louis XVI, Napoléon, Charles X ont dormi, lors de séjours tantôt volontaires, tantôt forcés. Une forteresse médiévale occupait d'abord les lieux. Le château actuel lui doit son insolite plan pentagonal. Puis chacun des propriétaires successifs y apporta remaniements, aménagements, de telle sorte qu'il est devenu un résumé des tendances architecturales et des goûts de la Renaissance au XIXe siècle. Du XVe siècle, il garde sa grosse tour; du XVIIe et, surtout, du XVIIIe siècle, l'essentiel de ses bâtiments; de la fin du XVIIIe, son jardin anglais qui contrebalance un peu la rigidité du jardin à la française, sa ferme et la laiterie de la reine, construites par Louis XVI. Au début du XIXe, il fut, sur l'ordre de Napoléon, amputé de sa troisième aile. Tel quel, il reste prodigieux : les visiteurs de marque que la République française y reçoit ne s'y trompent pas.

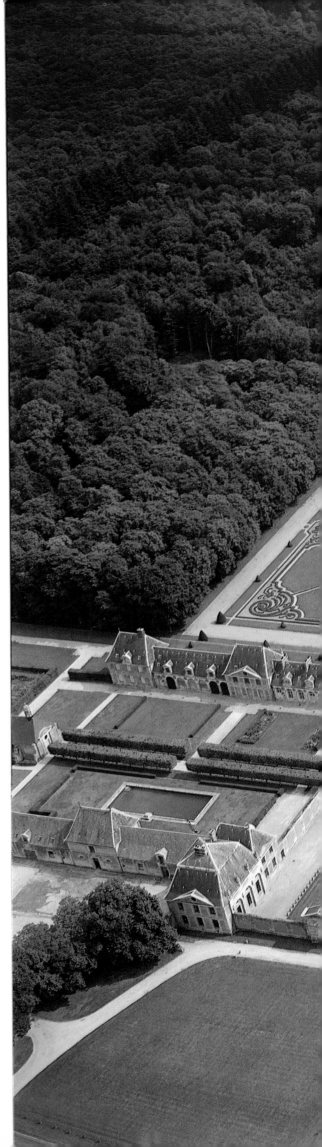

De Fontainebleau à Vaux-le-Vicomte, on passe de
la Renaissance au grand siècle. Le nom de François Ier reste
attaché à Fontainebleau *(ci-dessous)*. Il y avait là un vieux
château fort. Pour concilier les plaisirs de la chasse en forêt
et ses satisfactions de bâtisseur, le roi chargea un maçon,
Gilles le Breton, de remettre les murs au goût du jour.
L'esplanade intérieure du château devint une cour d'honneur.
Sur les façades, on appliqua des pilastres qui empruntaient
beaucoup à l'architecture de Chambord. Plus tard furent ajoutés
un péristyle et un portique. Cette fastueuse architecture n'était,
aux yeux du roi, que l'écrin destiné à abriter des œuvres d'art
dignes de faire rivaliser son palais avec celui du Vatican
ou de Mantoue. Rosso et le Primatice s'y employèrent
superbement. Vinrent d'autres rois qui, à leur tour, modifièrent,
agrandirent, aménagèrent. Une école, non pas d'architecture
mais de peinture, est née à Fontainebleau et en prit le nom.
En revanche, Vaux-le-Vicomte *(ci-contre)* n'a rien d'hybride :
le château de l'intendant Fouquet est un exemple parfait
du premier style Louis XIV, dont Versailles, un peu plus
tard, ne fut qu'une copie amplifiée. Le Vau assura les plans,
Le Brun la décoration intérieure, Le Nôtre le parc. Dans
ses délicieux jardins de verdure et d'eau murmurante,
Vaux-le-Vicomte est un lieu d'enchantement. Fouquet, grand
argentier du roi, connaissait l'exacte différence entre le beau
et le riche. Il fit du beau.

Un véritable collier de châteaux entoure l'Ile-de-France.
On les trouve à l'ouest, au sud, au nord aussi, où abondaient
les forêts si propices aux chasses royales. Le site du château
de Chantilly *(ci-contre)* — une butte rocheuse émergeant
de vastes étangs — a connu un nombre invraisemblable
de péripéties architecturales. D'abord une maison forte
gallo-romaine. Puis une forteresse capétienne. Puis un château
mi-militaire, mi-Renaissance. Puis, encore, un château classique
dont le maître d'œuvre fut Mansart, le paysagiste Le Nôtre,
et le prescripteur le Grand Condé. De tout cela, à la Révolution,
il ne restait plus guère que le «petit château» ou capitainerie
de la fin du XVIe siècle. En 1840, le duc d'Aumale fit reconstruire
l'édifice, et reconstituer jardins et terrasses. L'ensemble
aujourd'hui reste un peu trop neuf, mais le parc, avec
ses terrasses et ses plans d'eau, a bien du charme. Et le musée du
château abrite les collections d'œuvres d'art réunies par
le duc d'Aumale, dont certaines pièces sont uniques au monde.

Non loin de là, dans la forêt de Compiègne, Pierrefonds
(ci-dessus), au bord d'un lac, est encore une reconstitution.
Celle d'un château médiéval, cette fois, dont l'auteur
est Viollet-le-Duc. Au départ, il ne devait restaurer que
les parties habitables. Il écrivait à ce sujet: «La réédification
du donjon au milieu de ruines pittoresques pourra faire
une habitation fort agréable.» Mais les travaux prirent
de l'ampleur, toutes les tours, toutes les courtines démantelées
sous Louis XIII furent rétablies et complétées par de nouveaux
bâtiments qui n'étaient plus copie mais pures inventions
de l'architecte. Par dérision, on a parlé, à propos de Pierrefonds,
d'un «style troubadour». En fait, Viollet-le-Duc a créé
sur un thème médiéval un grand monument romantique
qu'il faut aimer pour ce qu'il est.

143

« L'épi le plus dur qui soit jamais monté », disait Péguy,
le chantre de la cathédrale de Chartres. C'est bien cette
impression de jaillissement superbe que l'on éprouve lorsque
l'on voit ses deux clochers pointer au-dessus des blés de la Beauce,
comme le plus bel hymne à Dieu qui soit jamais monté vers le ciel.
Construite du XIIe au XIIIe siècle dans un extraordinaire élan
de foi, ravagée à plusieurs reprises, partiellement reconstruite,
elle ignore les outrages du temps, et n'a rien perdu de sa pureté
originelle. Le clocher roman, dépouillé, est un prodige
d'architecture. Le pilier qui supporte la nef éblouit par
sa nerveuse légèreté. La rose du portail royal impose d'emblée
son élégance au ton juste. Les vitraux donnent une image
exacte de l'art de ce temps.
La sculpture, enfin, y est d'une infinie richesse sur un thème
presque unique dans l'histoire de l'art : Adam dans la pensée
de Dieu, avant la création. De quoi longuement méditer.

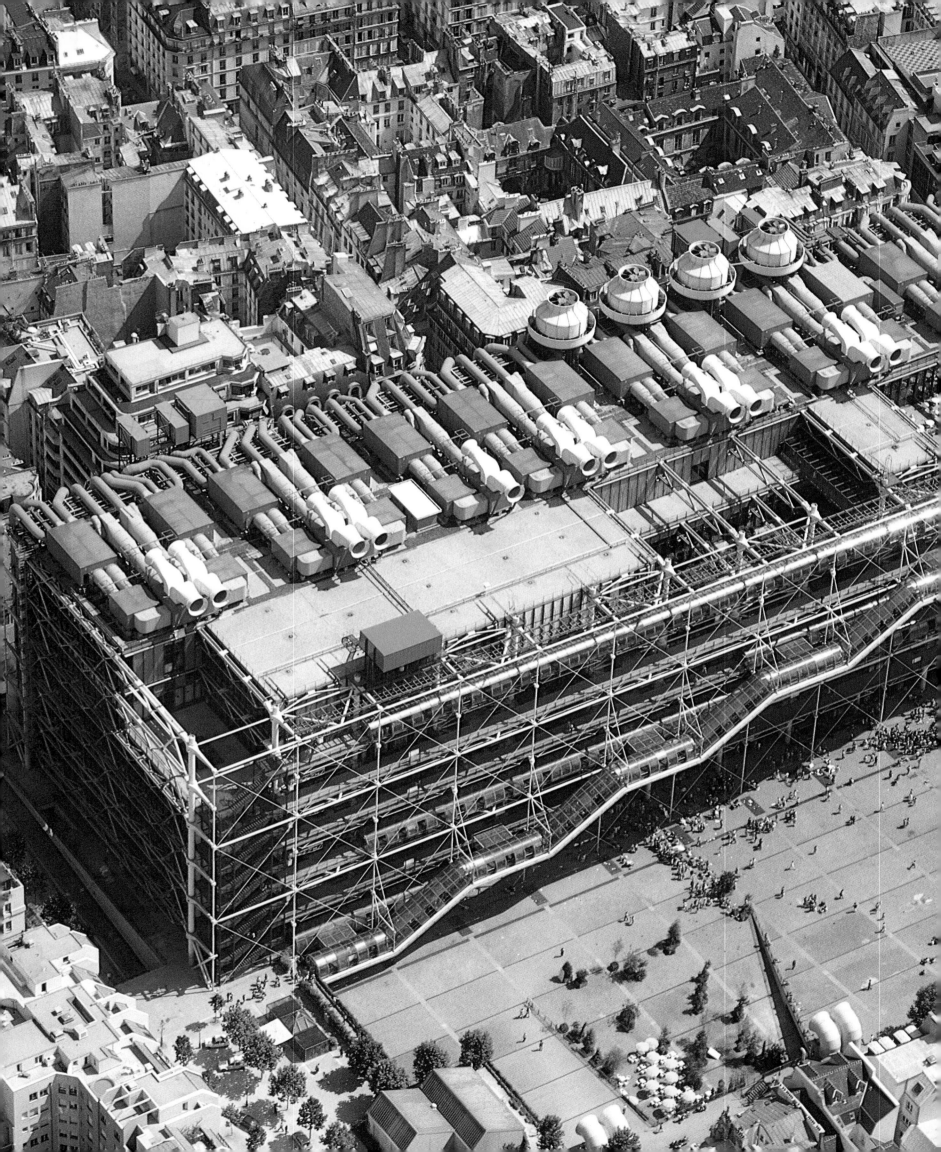

Le 31 janvier 1977 est une date qui comptera dans l'histoire des monuments français du XXᵉ siècle : ce jour-là, fut inauguré le Centre national d'art et de culture Georges-Pompidou, communément appelé Beaubourg, du nom du plateau où il est édifié. Alors qu'il était président de la République, Georges Pompidou avait voulu et imposé ce gigantesque complexe culturel à la conception résolument novatrice, pour signer en quelque sorte son septennat. Les trois architectes — deux Italiens, Piano et Franchini, un Anglais, Rogers — lauréats du concours lancé pour sa construction, témoignèrent d'une audace à la fois contemporaine et intemporelle. Contemporaine en ce sens qu'ils tournaient délibérément le dos à toute concession au style classique ; intemporelle dans la mesure où ils choisirent une sorte d'expression-vérité — la carcasse, les canalisations, la machinerie du bâtiment — en dessinant les lignes de force, à l'exclusion de tout ornement. Autour de leur réalisation, la bataille fit rage. Pour ses détracteurs, c'était «la raffinerie», l'outrage aux bonnes mœurs de l'art, le scandale absolu. Ses admirateurs, eux, criaient au génie. Quand furent apaisées les querelles, on constata que l'édifice s'était finalement intégré à son site avec un parfait naturel, et qu'il constituait en outre un des plus étonnants points d'attraction de la capitale. Fidèle à son programme d'origine, Beaubourg est aujourd'hui la plus grande «maison de la culture» de France. Son parvis a des allures de fête populaire perpétuelle et le quartier piétonnier qui l'entoure est devenu l'un des lieux de flânerie préféré des Parisiens et des visiteurs étrangers. Beaubourg, c'est comme la tour Eiffel *(page 152-153)* : on l'aime ou on ne l'aime pas, mais on ne pourrait plus, désormais, imaginer Paris sans lui.
«Tour Eiffel, bergère du ciel», disait Guillaume Apollinaire. Gustave Eiffel fut choisi, parmi 700 concurrents, pour ériger, à l'occasion de l'Exposition universelle de 1889, cet hymne à la civilisation industrielle triomphante. Sa construction demanda deux années, 7 000 tonnes de fer et deux millions et demi de rivets. L'architecte eut ses détracteurs acharnés et ses supporters enthousiastes. Toutes querelles éteintes, on ne se demande plus si la tour de fer est belle ou laide : elle est, et, pour ses milliers de visiteurs quotidiens, elle symbolise Paris. De sa seconde plate-forme, quel spectacle sur la ville ! L'histoire de la capitale s'y raconte à travers le tracé des rues, l'emplacement, le volume et le style des monuments.

Berceau de la capitale, l'île de la Cité *(ci-contre)* déploie
son charme dans une boucle de la Seine. «Dans sa royale robe
et dans sa majesté», disait Péguy, s'élève la sereine église
Notre-Dame bâtie, au début du XIIIᵉ siècle, par Maurice de Sully.
Les Invalides *(ci-dessous)*, sur la rive droite, font franchir
un bond de cinq siècles : leur plan strictement ordonné,
majestueux, est typique de la manière dont Louis XIV voulait
que soit symbolisée sa puissance. C'est lui, du reste, qui décida
la création de cette institution chargée d'accueillir les soldats
blessés. Libéral Bruant et Hardouin-Mansart en furent
les architectes. On leur doit la très belle façade et le fameux
dôme sous lequel, depuis 1840, repose Napoléon. Aux cendres
de l'Empereur, on peut préférer les souvenirs de sa gloire qui
rayonnent en étoile autour de l'arc de Triomphe *(en bas)*,
avec ces avenues dont chacune — à l'exception
des Champs-Élysées — porte le nom d'un général illustre ou
d'une victoire napoléonienne...

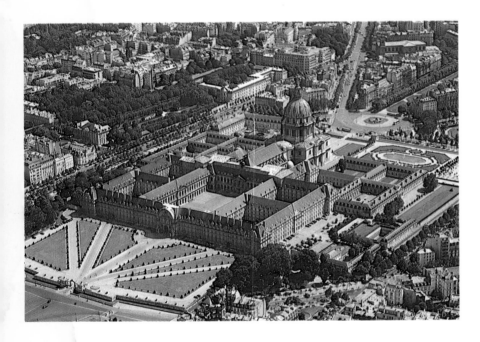

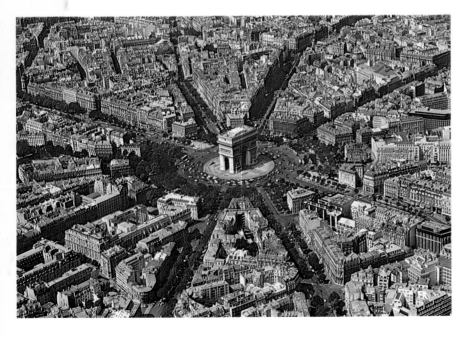

INDEX

Maquette BENOÎT NACCI

Toutes les photographies sont de
Daniel Philippe, sauf celles des pages 105, 124,
125 bas, 126, 127, 128/129, 143, 148/149, 150, 151,
152/153 qui sont de l'agence Explorer.

Cet ouvrage a été achevé d'imprimer
le 22 septembre 1987
sur les presses d'Aubin Imprimeur Ligugé, Poitiers

ISBN : 2.85108.349.X
Dépôt légal : 6017-octobre 1987
34 0506 5